Als wir noch Kinder waren

AUTONOME PROVINZ BOZEN SÜDTIROL
PROVINCIA AUTONOMA DI BOLZANO ALTO ADIGE
Deutsche Kultur

Die Drucklegung dieses Buches wurde ermöglicht durch
die Südtiroler Landesregierung / Abteilung Deutsche Kultur.

BIBLIOGRAFISCHE INFORMATION DER DEUTSCHEN NATIONALBIBLIOTHEK
Die Deutsche Nationalbibliothek verzeichnet diese Publikation in der Deutschen Nationalbibliografie; detaillierte bibliografische Daten sind im Internet abrufbar:
http://dnb.d-nb.de

2020

Fotos: Archiv Konrad Steger und Öffentliche Bibliothek Ahrntal;
Umschlag Erwin Haas
Design & Layout: Athesia-Tappeiner Verlag
Druck: GZH, Zagreb

ISBN 978-88-6839-495-0

www.athesia-tappeiner.com
buchverlag@athesia.it

FSC
www.fsc.org
MIX
Papier aus verantwortungsvollen Quellen
FSC® C105545

KONRAD STEGER

Als wir noch Kinder waren

Geschichten aus dem Ahrntal

ATHESIA VERLAG

Was wir früher einmal erlebt haben, kehrt nach Jahren und Jahrzehnten plötzlich zurück und blickt uns an. Und wenn die eine Erinnerung aufwacht und sich den Schlaf aus den Augen reibt, kann es geschehen, dass dadurch auch andere Erinnerungen geweckt werden.

ERICH KÄSTNER, *Als ich ein kleiner Junge war*

Inhaltsverzeichnis

Vorwort

Ein lateinisches Sprichwort besagt: *Quot capita, tot sensus* (So viele Köpfe, so viele Sinne).

Wenn die fünf Geschwister bei ihren Begegnungen verschiedene Themen aufwerfen und diskutieren, so sollen ihre Ansichten nicht als der Weisheit letzter Schluss angesehen, sondern als Meinungen unter vielen verstanden werden. Ganz bestimmt möchten sie sich nicht als Besserwisser aufspielen. Die Leserin/der Leser möge sich selbst ihre/seine Meinung bilden.

Liebe Leserin, lieber Leser,

Sie halten mit diesem Buch das Nachfolgewerk von *Als noch Kartoffelfeuer brannten. Eine Kindheit im Ahrntal* in Ihren Händen.

Nach dem Erscheinen des ersten Bandes traten immer wieder Leser mit der Frage an mich heran, wann es denn ein zweites Buch mit Lebenserinnerungen, einen Nachfolgetitel geben würde.

Angespornt vom Erfolg des ersten Buches und vom ermutigenden Zuspruch setzte ich mich hin und begann, Stoff für ein zweites Buch zu sammeln. Meine Geschwister leisteten mir bei meiner Erinnerungsarbeit wertvolle Hilfe. Über dieses Ereignis könnte man noch erzählen, schlugen sie vor, und diese und jene Anekdote oder lustige Begebenheit sollte ich noch aufschreiben. Also hielt ich sie fest, diese neuen Geschichten aus unserer Kindheit und Jugend. Anfangs sammelte und schrieb ich ziemlich wahllos und ungeordnet. Immer wieder wurden während des Schreibens neue Erinnerungen wach und trieben an die Oberfläche des Bewusstseins. Ich schrieb über weitere Kinderstreiche, über humorvolle Begebenheiten und Anekdoten, von Pech und von Pannen und über das „fahrende Volk", das damals auf unseren Hof kam. Die Fersentaler Krumer etwa oder die „Schmolzpater". Ich schrieb Sagen auf, die uns unsere Eltern als Kinder erzählt hatten, und über die Freuden und Leiden des Erwachsenwerdens. Ich hielt die Geschichten über das erste Telefon, den ersten Radiosender unserer Gegend und das erste Kino des Tales fest. Und ich schrieb über die rasanten Veränderungen der Gesellschaft, welche der wachsende Tourismus mit sich brachte.

Ein Bruder stellte mir Schularbeiten zur Verfügung, die er als zehn-, elfjähriger Junge geschrieben hatte. Sie geben Einblick in die damalige kleine, abgeschlossene bäuerliche Welt vor über 50 Jahren, und sie machen auch die dramatischen Veränderungen deutlich sichtbar, welche diese kleine Welt seitdem erfahren hat.

Nach dem Aufschreiben musste ich eine Form finden, in welche die neuen Geschichten eingebettet werden konnten. Zusammen mit meinem Lektor entwickelte ich die Idee, dreizehn Geschwistertreffen zu beschreiben, die in der Gegenwart stattfinden. Bei diesen Familientreffen wird erzählt, und es werden Erinnerungen an die gemeinsame Kindheit und Jugend wach. Eine Erinnerung weckt die andere, ein Gedanke ergibt den nächsten. In Dialogform wird auch durchaus kontrovers diskutiert, etwa über die modernen Entwicklungen der Gesellschaft oder über die Probleme des Heimattales.

Das neue Buch sollte kein „schwer verdauliches" sein, sondern ich versuchte stets, einen heiteren, gelassenen Grundton anzuschlagen. Es sollte, wie schon der erste Band, vor allem unterhaltsam und humorvoll sein, aber ich bemühte mich, auch Einblicke in die Vergangenheit unseres Tales zu geben und Erinnerungen festzuhalten, die mir merkens- und bemerkenswert erschienen.

Konrad Steger

Die erzählenden Personen

FRANZISKA

Die Älteste der fünf Geschwister hat auf einen Bauernhof im Mühlwalder Tal geheiratet, und sie lebt dort mit ihrem Mann und ihrem gemeinsamen Sohn. Der Hof ist ihr ans Herz gewachsen und zu ihrem kleinen Königreich geworden.

ROBERT

Als Ältester der fünf Geschwister hat er den elterlichen Hof übernommen und bewirtschaftet ihn mit seiner Familie mit viel Schwung und Einfallsreichtum. Besonders stolz ist er darauf, dass er es im fortgeschrittenen Alter noch zum aktiven Musikanten der örtlichen Musikkapelle gebracht hat und dort eines der größten Instrumente spielt.

ANNA

Sie hat in Innsbruck den Beruf der Krankenschwester erlernt und ist dann der Liebe wegen in Nordtirol geblieben. Anna wohnt mit ihrem Mann in einem Dorf auf dem Hochplateau oberhalb der Stadt und genießt ihren Ruhestand. Ihre drei Kinder sind schon längst erwachsen und aus dem Haus.

ANTON

Als Geschichte-Liebhaber und eifriger Leser erforscht und beschreibt er gerne die Vergangenheit seines Geburtsdorfes und -tales. Er hat sich mit seiner Frau in einem ruhigen Ort in der Nähe von Sand in Taufers niedergelassen.

KLAUS

Das „Nesthäkchen“ der fünf Geschwister wohnt und lebt mit seiner Familie, seiner Frau und den drei reizenden Töchtern, im Sonnendorf Pfalzen bei Bruneck.

AUF DEM KLAUSBERG

Anton ist 60 geworden. Ein stattliches Alter, wie alle finden, das anständig gefeiert werden muss. Er ist inzwischen der Vierte von den fünf Geschwistern, der diese Anzahl an Lebensjahren erreicht hat.

Sie treffen sich Ende März am Klausberg, dem Skiberg, der in ihrer Kindheit eröffnet worden war, und fahren gemeinsam mit der Gondelbahn bis zum höchsten Punkt auf über 2500 Meter Meereshöhe hinauf.

Oben herrscht noch tiefer Winter. Vom höchsten Aussichtspunkt blicken sie ins Tal hinunter und sehen die Wunden, welche der Jahrhundert-Herbststurm „Vaja" im vergangenen Jahr geschlagen hat. Bleiche Stämme liegen da, wie von einer Riesenfaust niedergemäht. Eine Schneise der Verwüstung, eine hässliche Wunde am Berg. Es ist Ende März, die Felder im Talgrund beginnen wieder zu grünen. Doch oben ist es kalt, und der Wind pfeift ihnen um die Ohren. Trotzdem harren sie aus. Jemand hat ein Fläschchen mit einem guten Schnaps mitgenommen. Es macht die Runde. Man lacht, redet und diskutiert.

Inzwischen ist allen kalt geworden; sie fahren wieder hinunter zur Mittelstation der Seilbahn und kehren zum Mittagessen in einer Berghütte ein. Hier stoßen sie auf Antons runden Geburtstag an und überreichen ihm zu seiner Freude ein Geschenk.

„Weißt du eigentlich über den genauen Zeitpunkt und die Umstände deiner Geburt vor 60 Jahren Bescheid, Anton?", fragt Franziska, die Älteste der Geschwister. Als Anton verneint, beginnt sie zu erzählen.

Die Hebamme mit der Kindertasche

FRANZISKA

Ich habe neulich unseren Cousin Rudl getroffen, und der hat mir vom Tag deiner Geburt erzählt. Rudl hat ja damals für einige Zeit auf unserem Hof als Hütbub und später als Jungknecht gearbeitet. Ich war zu der Zeit sechs Jahre alt, Robert war fünf und Anna drei Jahre alt. Du, Klaus, bist noch **mit den Mücken geflogen**. Wir hatten überhaupt keine Ahnung, wie Kinder auf die Welt kommen. Uns war an diesem 24. März nur aufgefallen, dass die Hebamme, die „Eggin", in unser Haus gekommen war. Das war natürlich spannend für uns, denn sie trug ihre große Tasche mit sich, und wir hatten erzählen hören, dass sie darin die neuen Kinder herumtrüge und sie im Dorf verteilen würde.

Damals hat sie also in ihrer Tasche dich gebracht, lieber Anton.

Ich gebe euch die Geschichte so weiter, wie sie mir Rudl erzählt hat: „An diesem Frühlingstag waren ich, Peterle und eine Magd beim Mistauflegen auf der Rückseite des Hofes, wo sich damals der Stall und die große **Mistlege** befanden. Unsere Aufgabe war es, die dreirädrigen Karren mit Mist zu beladen und sie dann mit der Seilwinde über die Straße und auf die Felder zu befördern. Auf diesen wurde dann der Mist verteilt. Vater entschuldigte sich für diese Arbeit. Er druckste herum und sagte, er hätte heute nicht Zeit, uns zu helfen. Er schien mir an diesem Tag ziemlich nervös und aufgeregt zu sein. Am Nachmittag kam er dann freudestrahlend zu uns und erzählte, dass wir gerade ein Brüderlein bekommen hätten, und es sei gesund und munter."

ANTON Danke, Franziska, du hast mir mit deiner Geschichte eine große Freude gemacht. Ich wusste bisher nicht, zu welcher Tageszeit ich geboren wurde. Interessant für mich ist auch die Reaktion unseres Vaters. Ich sehe ihn noch heute vor mir, und ich kann mir seine Verlegenheit und Nervosität an diesem Tag lebhaft vorstellen.

Peterles Streiche

FRANZISKA

Ich habe vorhin Peterle erwähnt. Ihr wisst ja, dass dieser einige Jahre auf unserem Hof verbracht hat, also mit uns aufgewachsen ist. Cousin Rudl hat mir einige interessante Anekdoten über Peterle erzählt. Er hat ihn ja bestens gekannt. Das Peterle ist als kleiner Junge auf unseren Hof gekommen.
Früher ist es öfters passiert, dass Kinder aus kinderreichen Familien aus Armutsgründen „ausgebettelt“ wurden und dann auf anderen Höfen aufgewachsen sind. Ja, „ausbetteln“, so nannte man das damals. Ärmere Familien waren gezwungen, eine Nachbarsfamilie zu bitten, ein Kind zu übernehmen und großzuziehen. In jener Zeit gab es, im Unterschied zu heute, kaum soziale Hilfe. Dafür funktionierte aber die Nachbarschaftshilfe völlig unbürokratisch und schnell.

Ich als Älteste kann mich noch ein wenig an ihn erinnern, an den Peter, der von allen nur „Peterle“ genannt wurde, weil er so klein und zierlich von Gestalt war. Seine mangelnde Größe machte er allerdings durch ein quirliges Wesen und seine Lebendigkeit mehr als nur wett. Peterle war zappelig, ruhelos, unruhig und sehr lebhaft. Kurzum, er war ein aufgewecktes, intelligentes Kind. Wo Peterle war, war immer etwas los. Er stand immer im Zentrum des Geschehens und sprühte geradezu vor Tatendrang und nervöser Aktivität. Peterle war ständig zu Streichen aufgelegt. Nun zu den Geschichten, die mir unser Cousin Rudl über ihn erzählt hat:

In den Fünfziger- und Sechzigerjahren des vorigen Jahrhunderts arbeiteten auf unserem Hof noch ein Knecht und zwei Mägde. Die Mägde hießen Rita und Paula. Dienstboten brauchte man damals dringend. Die Bauern waren nämlich Selbstversorger und der Großteil der Arbeit musste noch mühsam in Handarbeit erledigt werden.

Die Magd Paula ist mir in besonders guter Erinnerung geblieben, weil sie so lustig war und nett zu uns Kindern. Sie hat oft mit uns gespielt und gesungen.

Die jungen Männer des Dorfes fanden Paula und Rita offenbar sehr attraktiv, denn sie statteten ihnen immer wieder als **Gassler** an ihrem Kammerfenster Besuche ab. Ja, sie belagerten sie geradezu. An manchen Abenden hockten die **Gassler** sogar in unseren zwei Kirschbäumen und bewunderten die Mädchen von ihrem luftigen Ausguck herab. Wie ihr wisst, gab es damals noch kein Telefon, geschweige denn ein Handy mit SMS oder WhatsApp, mit dessen Hilfe sich junge Menschen hätten verabreden und kennenlernen können. Das kam alles erst ein halbes Jahrhundert später. Was blieb den jungen Männern auch anderes übrig, als ihre Angebetete in der Nacht am Kammerfenster zu besuchen und auf ihre Gunst zu hoffen? Vor dem Fenster wurde gescherzt und gelacht, **Gasslerreime** wurden aufgesagt. Wenn die Angebetete das mit Eisenstangen gesicherte Fenster öffnete und einem Besucher einen **Kasteler** anbot, einen Schnaps, der in den Tiefen ihres Kastens, also ihres Schrankes, verborgen gewesen war, dann galt das als Zeichen, dass seine Chancen bei ihr beträchtlich gestiegen waren.

Vor den Fenstern wurde es öfters laut, wenn gleichzeitig mehrere von Hormonen befeuerte **Gassler** vor dem Kammerfenster ihrer Angebeteten zusammentrafen. Dann geschah es, dass die Rivalitäten unter ihnen lautstark und manchmal auch tätlich ausgetragen wurden. Zu Tätlichkeiten unter ihnen kam es auch deshalb, weil sich Paula längere Zeit nicht so recht für einen ihrer nächtlichen Besucher entscheiden konnte. Wer die Wahl hat, hat die Qual, heißt es ja zu Recht. Paula schäkerte damals mit einigen jungen Männern am Kammerfenster.

Peterle und Cousin Rudl hatten ihr Schlafgemach über der Kammer von Paula. Einmal wurde dem Peterle das laute nächtliche Treiben unter dem Kammerfenster von Paula zu bunt. Er öffnete schnell das Fenster, packte sein großes Tintenfass und schüttete mit Schwung den schwarzen Inhalt auf die nächtlichen Besucher hinunter. Eine Weile herrschte verblüfftes Schweigen, bis die jungen Männer begriffen, was soeben geschehen war. Dann brach die Hölle los. Die **Gassler** stürzten sich wutentbrannt auf die **Scheiterlege** unter dem Kammerfenster von Paula und bombardierten wütend das offene Fenster von Peterle und Rudl mit Holzscheiten. Das halbgeöffnete Fenster blieb wie durch ein Wunder heil, nur der aus Glas gefertigte Lampenschirm, der in der Kammer von der Decke hing, fiel der Zerstörungswut der **Gassler** zum Opfer.

An einem anderen Abend hörten Rudl und Peterle dumpfe Geräusche im **Stadel**, welcher über der Kammer der zweiten Magd, der nicht minder attraktiven und begehrten Rita, lag.

Die zwei Buben wurden neugierig und wollten wissen, was da wohl los wäre. Auf das Drängen von Peterle hin entschlossen sie sich nachzuschauen. Ritas Kammer lag straßenseitig, dort, wo eine steile hölzerne Treppe zum Toreingang hinaufführte. Peterle leuchtete mit einer Taschenlampe, Rudl, der Ältere und Mutigere, musste vorangehen. Er sah sofort, dass aus der Bretterwand, hinter welcher der Stadel war, ein Brett herausgerissen worden war. Unter dem Stadelboden befand sich die Kammer von Rita. Die zwei Jungen stiegen neugierig durch die Öffnung. Und da sahen sie es. Auf den Bodenbrettern des **Stadel**s lagen sich zwei junge Männer buchstäblich in den Haaren. Sie hatten sich am Haarschopf gepackt und zerrten sich, keuchend und in blinder Wut, hin und her und traten sich dabei auch noch gegenseitig mit ihren Füßen. Als der Lichtstrahl aus Peterles Taschenlampe sie erfasste, stoben sie auseinander und ergriffen die Flucht.

Rudl besaß ein Fahrrad, welches, meist an die Rückseite des Hofes angelehnt, auf seinen Einsatz wartete. Eines Tages war es plötzlich spurlos verschwunden. Rudl musste sich wohl oder übel mit dem Verlust seines geliebten Rades abfinden. Was blieb ihm auch anderes übrig? Es tauchte trotz intensiver Suche nicht mehr auf.

Ein paar Tage darauf arbeitete die Familie auf dem Feld. Es war die Zeit der Heumahd. Mittags läutete Mutter die kleine Glocke im Glockentürmchen auf dem Dach und rief zum Mittagessen. Rudls Blick fiel zufällig auf das Dach, und da sah er zu seinem Erstaunen sein Fahrrad auf der Steinplatte liegen, die den Kamin des Küchenherdes abdeckte.

Wie war es da hinaufgekommen? Peterle wurde natürlich als Erster verdächtigt und zur Rede gestellt, aber er spielte den Unschuldsengel und tat so, als wüsste er von gar nichts.

ANNA

Danke, liebe Franziska, dass du uns diese unterhaltsamen Geschichten über Peterle weitergegeben hast. Ich denke, dass wir sie alle noch nicht gekannt haben.

Du, Klaus, hast schon vor einiger Zeit erzählt[1], wie wir jeden Sommer, es war immer Anfang Juni, unsere Tiere auf die Alm getrieben haben. Neben den Kühen und Schweinen mussten zu Peterles Zeit auch einige Gänse mit hinauf.

Die Gänse haben sich auf dem Scheuchenberg plötzlich in die Luft erhoben und sind wieder zu Tal geflogen. Der Scheuchenberg war eine Bergwiese oberhalb von St. Jakob im Ahrntal, welche heute zur Gänze verwachsen ist. Die Gänse sind damals nicht etwa grundlos aufgeflogen. Später hat man sich erzählt, dass es Peterle gewesen sei, der plötzlich und nicht ganz zufällig hinter einem Baum aufgetaucht wäre und die Gänse absichtlich erschreckt habe. Er hat es wahrscheinlich aus reinem Übermut gemacht oder vielleicht auch, um Klaus, den Gänsetreiber, damit zu ärgern.

1 Konrad Steger: Als noch Kartoffelfeuer brannten. Eine Kindheit im Ahrntal, Athesia 2016

Die Sache mit der „Stadt Gottes"

ANNA

Ich kann mich noch an einen weiteren Streich von Peterle erinnern. Den hat Vater nicht lustig gefunden. Ihr erinnert euch vielleicht noch. Unsere Familie hatte damals die ehrenvolle Aufgabe übernommen, eine religiöse Zeitschrift mit dem Titel *Stadt Gottes* im Dorf zu verteilen und das Geld einmal jährlich bei den zahlreichen Abonnenten einzusammeln. Es kam daher immer eine recht beachtliche Summe Geld zusammen.

Eines Tages verschwand das eingesammelte Geld spurlos aus dem Kasten im elterlichen Schlafzimmer. Niemand konnte sich den Verbleib des Geldes erklären, es schien sich in Luft aufgelöst zu haben. Bis eines Tages ein Nachbar zu Vater kam und ihm im Vertrauen erzählte, er habe von den Schülern erfahren, dass unser Peterle wohl zu plötzlichem Reichtum gekommen sei. Er habe in letzter Zeit immer die Hosentaschen voller Süßigkeiten, berichtete der Nachbar. Und diese würde Peterle großzügig an seine Freunde verschenken. Damit nicht genug, auch Geld bringe Peterle freigebig in Umlauf und versorge damit seine besten Kollegen.

Vaters Stimmung sank daraufhin auf den absoluten Nullpunkt. Ich habe gesehen, wie er sich mit steinerner Miene Peterle vorgeknöpft und ihn dann nach Strich und Faden vermöbelt hat. Ich habe es mit eigenen Augen gesehen, und ich bin immer noch zutiefst erschrocken darüber, wie Vater in seinem Zorn reagiert hat. Er hat sonst nie geschlagen, damals allerdings schon. Wahrscheinlich hat er die Nerven verloren, weil das Geld ja der Kirche gehörte, und diese war ihm zu jener Zeit noch absolut wichtig. Das hat sich später etwas gelegt.

Peterle hat Jahre später unsere Familie verlassen und einen Handwerksberuf erlernt. Als erwachsener Mann kam er oft mit seiner Familie zu Besuch. Einmal habe ich gehört, wie er Vater gedankt hat, dass er ihn damals wieder zur Vernunft gebracht habe. „Sonst wäre ich ein Gauner geworden", sagte er. Diese Worte haben Vater sehr erleichtert, das hat man ihm regelrecht angesehen.

Sicher hätte Vater damals sanftere, pädagogisch durchdachtere Maßnahmen treffen und anwenden können, um Peterle wieder zur Vernunft zu bringen. Aber man muss es neidlos anerkennen: Gewirkt haben seine drastischen Maßnahmen allemal.

Gute alte Zeiten?

ROBERT

An dieser Stelle möchte ich noch über den weiteren Lebensweg vom Peterle erzählen. Vater hat damals erkannt, wie intelligent der Junge war, und wollte ihn studieren lassen. Leider, so muss ich sagen, hat er sich in dieser Angelegenheit an den damaligen Pfarrer gewandt, weil er bei ihm Rat suchen wollte. Dieser hatte anscheinend noch nicht verwunden, dass Peterle damals das *Stadt Gottes*-Geld verjubelt hatte. Er riet Vater dringend ab, Peterle in eine höhere Schule zu schicken. Er werde eh nur ein Gauner und ein Taugenichts, und jede Investition in ihn sei ein Schlag ins Wasser. So weit die für mich bedenklichen Aussagen des Pfarrers. Er scheint die christlichen Grundsätze der Nächstenliebe und Vergebung selbst nicht unbedingt gelebt zu haben. Uns blieb dieser Pfarrer Gott sei Dank in der Schule als Religionslehrer erspart. Wir hatten seinen Nachfolger.

ANTON

Noch einige Anmerkungen zu deinen Erzählungen vorhin über das **Gasseln,** Anna.

Ich bin neulich mit einem alten Mann ins Gespräch gekommen. Dieser hat mir erzählt, wie es damals war in seiner Jugendzeit, vor etwa 70 Jahren, wenn man ein Mädchen kennenlernen wollte. Es war praktisch unmöglich, sagte er, dass sich ein junger Mann öffentlich mit einem Mädchen traf oder gar Arm in Arm mit ihr durch das

Dorf spazierte. Beide wären sofort in Verruf gekommen. Junge Menschen sahen einander nur zu den seltensten Gelegenheiten und dann meist nur aus der Ferne, in der Kirche etwa. In dieser Zeit wurden besonders die Mädchen von ihren Eltern und den Geistlichen eifersüchtig behütet, ja, ich möchte sagen, überwacht. Die einzige Möglichkeit, mit einem Mädchen, das einem gefiel, ins Gespräch zu kommen, war, wenn man in der Nacht heimlich an ihr Kammerfenster kam und dort sein Glück versuchte. Diese nächtlichen Abenteuer waren aber höchstens etwas für die Draufgänger und die Mutigen. Die eher ruhigen, weniger durchsetzungskräftigen jungen Männer waren immer benachteiligt. Aber auch die Frustration der Wagemutigen war oft vorprogrammiert, denn die Konkurrenten belauerten einander eifersüchtig, und nicht selten kam es zwischen ihnen zu gewalttätigen Auseinandersetzungen und zu Sabotageakten. Ja, man kann behaupten, es herrschte das Recht des Stärkeren. Keine angenehme Vorstellung, wenn ihr mich fragt.

Wie leicht haben es doch heute die jungen Menschen mit ihren modernen technischen Möglichkeiten wie Facebook, Instagram, WhatsApp und was es da alles sonst noch gibt, um miteinander in Kontakt zu treten und sich zu verabreden.

Was heute in den sozialen Medien so passiert, ist natürlich auch nicht alles gut und in Ordnung, aber zumindest ist die Gesellschaft, auch in unserem Tal, offener, toleranter und selbstbewusster geworden, und das ist etwas Positives.

ZU BESUCH BEI ANNA

Drei Tage nach Anton hat Anna Geburtstag. Ihre vier Geschwister haben sie und ihren Mann im Haus in Axams, auf einem Hochplateau in der Nähe von Innsbruck, überrascht. Spontan hatten sich die vier Geschwister vorher verabredet und sind kurzerhand zu ihr gefahren.

Es ist ihr anzusehen: Anna freut sich sehr über den unerwarteten Besuch. Vor gut 40 Jahren schon ist sie nach Innsbruck gezogen, um sich dort zur Krankenschwester ausbilden zu lassen. Dort hat sie in ihrer Studienzeit ihren späteren Mann kennen und lieben gelernt, und sie haben schließlich gemeinsam eine Familie gegründet. Ihre zwei erwachsenen Töchter und ihr Sohn sind schon längst aus dem Haus und haben eigene Familien.

Die Geschwister trinken Kaffee und essen Annas guten Kuchen. Wieder hebt ein Erzählen an. Sie reden über dies und das. Wie schon so oft steigen Erinnerungen an ihre gemeinsame Kindheit in ihnen hoch, in ihr Bewusstsein. Wisst ihr noch, wie es war, als wir noch Kinder waren?

Fahrendes Volk

ANTON

Wisst ihr noch, wie früher, als wir Kinder und Jugendliche waren, allerlei „fahrendes Volk" auf unseren Hof gekommen ist? Da waren zum Beispiel die **Krumer**, so nannten wir sie, die Fersentaler Krämer. Wir Kinder unterschieden zwischen zwei Arten von **Krumern**, den „Pockkrumern" und den „Tatlkrumern". Die „Pockkrumer" trugen einen großen, in blauen Stoff gehüllten Stoffballen, den „Pock" auf ihren Schultern. In ihm verbargen sich Stoffe in allen Farben und Qualitäten, Kittel-, Hosen-, Hemden- und Schürzenstoffe, Stoffe für Bezüge und Tischdecken – Meterware zum Selberschneidern, welche die **Krumer** mit einem Meter-Holzstab abmaßen und die gewünschte Menge mit einer Schere von den Ballen abschnitten. Es waren natürlich vorwiegend Frauen, die sich vom Angebot der **Krumer** begeistern ließen.

Nur einmal, so erinnere ich mich, fanden wir Buben den Auftritt eines Stoffkrumers in unserer Stube ziemlich spannend. Das war, als er zwei halbschalenförmige, durch ein kurzes Stoffbändchen verbundene Dinger aus beigem Stoff auspackte. „Was ist denn das?", fragte einer von uns Buben neugierig. „Ah, des sein de **Kappilan** fir de **Poppilan**"[2], war die vielsagende Auskunft des **Krumers** in schönstem Fersentaler Dialekt, die er mit einem anzüglichen Grinsen begleitete.

2 Ah, das sind die Käppchen für die Babys

Franziska, die Älteste, ist rot geworden, das weiß ich noch genau, und Mutter hat ein bisschen betreten geschaut. Erst später haben wir Buben begriffen, dass das beige Ding, das der **Krumer** ausgepackt hatte, ein Büstenhalter gewesen war.

Die „Tatlkrumer", welche eine Art **Holzkraxe** auf dem Buckel trugen, empfingen wir immer in froher Erwartung, denn in der Kraxe verbargen sich viele kleine Schubladen, die geheimnisvollen **Tatlan**. Wenn diese aufgezogen wurden, enthüllten sie ihre Schätze, die leuchteten und glitzerten wie unsere staunenden Kinderaugen. Knöpfe in allen Formen und Farben lagen da, Stecknadeln, Nähnadeln, Reißverschlüsse, Druckknöpfe, Nieten, Nägel, Rasiermesser, Schuhbänder, Strumpfbänder und Seidentüchlein in allen Größen und Farben. Zum Schluss, die „Tatlkrumer" zeigten dabei erstaunlich viel Sinn für die Dramaturgie, zogen sie die verborgensten und verlockendsten **Tatlan** auf. Diese enthielten die für uns Buben interessantesten Schätze: Trillerpfeifen, richtige Pfeifen zum Tabakrauchen, Mundharmonikas und blank polierte glänzende Taschenmesser. Besonders diese Messer ließen unsere Bubenherzen höher schlagen, brauchten wir sie doch zum Schnitzen der Maipfeifen und der Holzpfeile, die wir mit unseren Bögen aus Eschenreisern verschossen. Nur kam es leider sehr selten vor, dass Vater dazu bereit war, uns ein neues Taschenmesser zu kaufen. Von einer Mundharmonika ganz zu schweigen.

Ich habe mich schon vor einiger Zeit ein wenig über die Fersentaler Krämer kundig gemacht, und will euch die Ergebnisse meiner Nachforschungen nicht vorenthalten.

Im Fersental, das ist ein Seitental in der Nachbarprovinz Trentino mit deutschsprechender Minderheit, erfuhr der Bergbau im 16. Jahrhundert einen starken Niedergang. Damit kehrten Armut und Not ins Tal zurück. Von der Landwirtschaft konnte die Bevölkerung schon damals nur mehr schlecht als recht leben. Dies hing auch mit der Zerstückelung des Besitzes auf den Höfen zusammen. Man teilte nämlich den Grund und Boden unter den männlichen Erben immer weiter auf, sodass nicht einmal mehr ein Mindestertrag für den einzelnen Besitzer möglich war.

Die Fersentaler waren deshalb gezwungen, nach anderen Einnahmequellen Ausschau zu halten. Schließlich wurde der Wanderhandel ziemlich bedeutend, welcher seit der ersten Hälfte des 17. Jahrhunderts bezeugt ist. Die Fersentaler Krämer waren bei ihrer Handelstätigkeit im ganzen Habsburgerreich unterwegs, und sie sollen Handelsbeziehungen sogar bis nach Böhmen, Ungarn und Siebenbürgen gepflegt haben. Anfänglich waren die Krämer bis zu drei Jahre lang unterwegs, später nur mehr in der Zeit zwischen Allerheiligen und Ostern, also in dem Zeitraum, wo auf ihren kleinen Höfen weniger Arbeit anfiel.

Es hat immer wieder Zeiten gegeben, in denen die Fersentaler Wanderhändler in ihrer Tätigkeit behindert und eingeschränkt wurden. Das war etwa in der Zeit der Fall, als Tirol unter Kaiser Napoleon zu Bayern gehörte, oder während der Zeit des Faschismus.

In den Sechziger- und Siebzigerjahren des vorigen Jahrhunderts, also in unserer Kindheit und Jugendzeit, waren die letzten Fersentaler Wanderhändler mit ihren Kraxen unterwegs und gingen von Hof zu Hof. Zu ihren Kunden entwickelten die **Krumer** enge Beziehungen, und bekamen bei den Bauern für etwas Ware Unterkunft und Verpflegung. Die Stützpunkte und Ausgangspunkte für ihre Touren durch das Pustertal waren die Gasthäuser „Andreas Hofer" und „Blitzburg" in Bruneck.

Einige Fersentaler Wanderhändler waren bei ihrer Tätigkeit offenbar besonders erfolgreich. Sie ließen sich nieder und gründeten ein eigenes Unternehmen. Das beweisen die auch heute noch bekannten Firmennamen Eccel in Bozen und Jobstraibitzer in Bruneck.

Durch das Aufkommen von Eisenbahn und Kraftfahrzeugen veränderte sich auch die Handelstätigkeit der **Krumer**. Sie motorisierten sich und brachten in ihren Autos vor allem Matratzen, kleine Polstermöbel und Bettzeug zu ihren Kunden.

Heute ist kein Krämer mehr mit der Kraxe oder einem Stoffpacken unterwegs. Die heutigen Wanderhändler besuchen ihre Kunden an der Haustür, wie ihr wisst. Oft sind es Marokkaner, die vor allem Kleidung verkaufen wollen. So ändern sich die Zeiten.

„Schmalzpater“

ANTON

Könnt ihr euch noch daran erinnern, als die **Schmalzpater** auf unseren Hof kamen?

Sie kamen einmal im Jahr, meistens an den sogenannten Bitttagen, das war die Woche vor Christi Himmelfahrt, in unser Haus. Meistens war es ein Kapuzinerpater aus Bruneck, seltener ein Franziskanerpater aus Innichen. Er war ganz in eine Kutte aus braunem Loden gehüllt. Um den Bauch hatte er einen weißen Strick gewunden, an dem ein kleines hölzernes Kreuzlein in Form eines großen T herabbaumelte. An den Füßen trug er Sandalen, die ich als Kind immer neugierig betrachtet habe. Zu Hause trugen wir damals ja nie Sandalen. Die nackten Füße der Pater und ihre großen Zehen in allen Formen und Farben fand ich immer besonders interessant und sehenswert. Der Kundl Pieto aus Steinhaus begleitete den Pater. Manchmal war es auch der Mesner des Dorfes. Sie trugen einen Korb oder einen **Stibich** auf dem Rücken. In diesen legten sie die Butter, welche der Pater auf den Höfen als Spende für die Kirche einsammelte. Daher der Name „Schmolzpato“, der Butterpater. Aber die „Schmolzpaton“ verschmähten auch Speck oder die Eier von freilaufenden Hennen nicht. Die Eier waren damals bei uns noch garantiert biologisch.

Nachdem der Pater die Naturalien, meist waren es einige Kilogramm Butter, in den Rückenkorb gepackt hatte, segnete er uns alle und verteilte an uns Kinder glitzernde Ringlein, in die funkelnde Glassteinchen eingelassen waren. Oder Heiligenbildchen.

Oft war das **Weihbrunnkrüglein**, welches an der Stubenwand hing, ausgetrocknet. Mutter schämte sich dann und lief schnell, um es aufzufüllen. Auch einige geweihte Paterpfennige ließ der Geistliche da. Das waren glänzende, ovale Anhänger, auf denen ein Heiliger abgebildet war, und ganz selten schenkte er uns eine „Potto", einen Rosenkranz. In eine Schüssel streute er aus einem Körbchen einige Handvoll **Paterpulver** hinein – geweihte, gemahlene Heublumen, vermischt mit einem gut duftenden Gewürz. Vater mischte das Pulver anschließend den Kühen und Schweinen ins Futter. Besonders sparsam ging er damit nicht um, das **Paterpulver** war immer schnell verbraucht. Vater hat wohl nicht besonders an die Wirksamkeit dieser geweihten Heublumen geglaubt. Auch die Ringlein und die geweihten Pfennige verloren durch ihren schnell abnehmendem Glanz bei uns Kindern bald ihre Faszination. Ihre Lebensdauer war daher auch nur eine sehr begrenzte.

Anmerken möchte ich, dass man noch in den 1960er und 1970er Jahren mit dem Gegenwert von einem Kilogramm Butter eine Handwerkerschicht bezahlen konnte. Die paar Kilogramm Butter, welche die „Schmolzpaton" als Spende erhielten, hatten damals also einen erheblichen Wert. Heute kann man dieselbe Menge Butter im Supermarkt für ein paar Euros kaufen. Die Globalisierung hat unseren Bauern also nicht nur Vorteile gebracht.

Hoppla, jetzt fällt mir auf, ich habe nun doch etwas lange gesprochen.

ROBERT Danke für deine Erzählungen, Anton. Ja, du sagst es, sie sind meiner Meinung nach doch etwas zu lang und zu belehrend ausgefallen. Da schimmert der Lehrer in dir mal wieder ordentlich durch, finde ich.

FRANZISKA Nun mal langsam, Robert, an dieser Stelle möchte ich wirklich eine Lanze für Anton brechen. Also, lieber Anton, ich fand deine Ausführungen über die Fersentaler Krämer und die **Schmalzpater** sehr interessant und wissenswert. Vieles davon habe ich bisher noch nicht gewusst. Ich finde alles wissenswert und interessant, was mit der Geschichte und Kultur unserer Gegend zu tun hat. Wenn ich etwas Neues darüber erfahren kann, freue ich mich. Weiter so, Anton.

Lieber Robert, jeder hat das Recht, nicht mehr zuzuhören, wenn er eine Erzählung zu lang und zu langweilig findet.

ANNA Weiter so, Anton, auch ich habe deine Ausführungen als sehr interessant empfunden, und ich habe dir gerne zugehört. Ich kann Franziska nur recht geben. Wie ich dich kenne, Anton, hast du sicher lange zu diesen Themen recherchiert und gelesen. Danke dafür.

Wenn die Neugier in uns erlischt, was bleibt dann noch von uns übrig? Dem Neugierigen erschließt sich doch alles, was das Leben zu bieten hat. Also ich möchte noch sehr lange neugierig und interessiert bleiben. Ich habe irgendwo mal ein Zitat gelesen, das ich in diesem Zusammenhang ziemlich passend finde: *Solange man neugierig ist, kann einem das Alter nichts anhaben.*

Antiquitäten-, Obst- und Viehhändler

KLAUS

Na, dann möchte ich noch etwas zum Thema „fahrendes Volk“, das damals auf unseren Hof gekommen ist, erzählen.

In den Sechziger- und Siebzigerjahren des vorigen Jahrhunderts sind immer wieder Antiquitätenhändler zu uns gekommen. Sie hatten es auf unsere alten, wunderschönen, oft bemalten und mit Schnitzereien verzierten Truhen und Kästen abgesehen. Es schmerzt mich immer noch, wenn ich daran denke: Für einen wunderschönen alten Schrank oder eine bemalte Truhe boten die gewieften Händler Vater nämlich zwei neue, gleich große, lackglänzende Sperrholzschränke an. Vater gab leider einige Male der samtig glänzenden Versuchung nach. Unser Vater, der sonst immer ein überlegt und klug handelnder Mann war, erlag leider einige Male den Verlockungen der neuen Zeit. Da war er aber beileibe nicht der Einzige in unserem Tal.

Es tut weh, wenn ich davon erzähle. Jahrhundertelang hatten die altehrwürdigen Schränke in den Schlafkammern des Hofes treu gedient. Die Kästen hatten das Bettzeug und die Wäsche vieler Generationen von Bäuerinnen beherbergt. Sie hatten wunderbar nach dem Harz des Zirbelholzes geduftet und dem Zahn der Zeit und vielen Holzwürmer-Generationen getrotzt. Jetzt rollten sie auf den Lastwägen der Antiquitätenhändler zum Tal hinaus, wahrscheinlich einer goldenen Zukunft in den Villen reicher Mailänder oder Römer entgegen, die sich damit ein Souvenir aus den Bergtälern der nördlichsten Provinz Italiens gesichert hatten. Die Händler werden sich ins Fäustchen gelacht und eine goldene Nase verdient haben. Das war im wahrsten Sinne des Wortes ein Ausverkauf der Heimat. Pläong kunnat i.[3]

Obst- und Lebensmittelhändler kamen damals auch schon in unser Haus. Sie brachten Mehl, Mais, Zucker und Salz, Weinfässer, aber auch Eisenwaren und Werkzeug. Alles frei Haus und en gros. Ich kann mich an einen Händler erinnern, den wir Kinder, ziemlich treffend, wie ich finde, den „Plärra", den Plärrer, den Lamentierer, nannten. Ich denke, ihr könnt euch an ihn erinnern. Er verstand es, so geschickt und mit weinerlichem Nachdruck seine Waren anzupreisen, dass Vater durch ihn regelrecht weichgekocht wurde. Er bekam mit dem besagten Händler ein solches Mitleid, dass er immer tüchtig bestellte, manchmal auch Waren, die wir eigentlich nicht unbedingt brauchten.

Die Waren wurden dann frei Haus und pünktlich geliefert.

Den Brantla möchte ich auch noch erwähnen. Er war Schuhhändler und kam immer pünktlich in der Woche vor Schulbeginn, wenn wir neue Schuhe oder **Pfössn** benötigten. Er hatte immer ein ganzes Arsenal davon in seinem Lieferwagen mit, und wir durften sie sofort anprobieren. Sehr praktisch war das. Der Sohn des Brantla ist heute Inhaber des

---

3 Ich könnte weinen.

erfolgreichen Schuhhauses Abfalterer in Luttach. Dort kann man übrigens immer noch Schuhe flicken lassen.

Heute spricht man vom tollen und schnellen Lieferservice der vielen Internethändler, aber das Liefern frei Haus ist beileibe kein Phänomen unseres neuen Jahrtausends. Bei uns war das schon vor gut 50 Jahren so. Nur kam dieses Ins-Haus-Liefern der Waren später für ein paar Jahrzehnte wieder aus der Mode, um dann heute, im Zeitalter der fortschreitenden Digitalisierung, umso stärker wieder aufzublühen. Nur die Wege waren damals viel, viel kürzer.

Moden kommen und gehen, wie ihr seht. Das war anscheinend schon immer so.

Ach ja, auch Viehhändler kamen damals auf den Hof. Sie begutachteten die Tiere im Stall vor Ort und kauften. Wenn man sich über den Preis einig war, wurde der Kauf mit einem Handschlag besiegelt. Damals brauchte man keine Verträge. Ein Händedruck genügte, um ein Geschäft abzuschließen. Der „Neuwirt“ aus Steinhaus war ein Beispiel für einen ehrlichen Viehhändler, der dafür bekannt war, dass er faire Preise bot und pünktlich zahlte.

ZU BESUCH IM MÜHLWALDER TAL

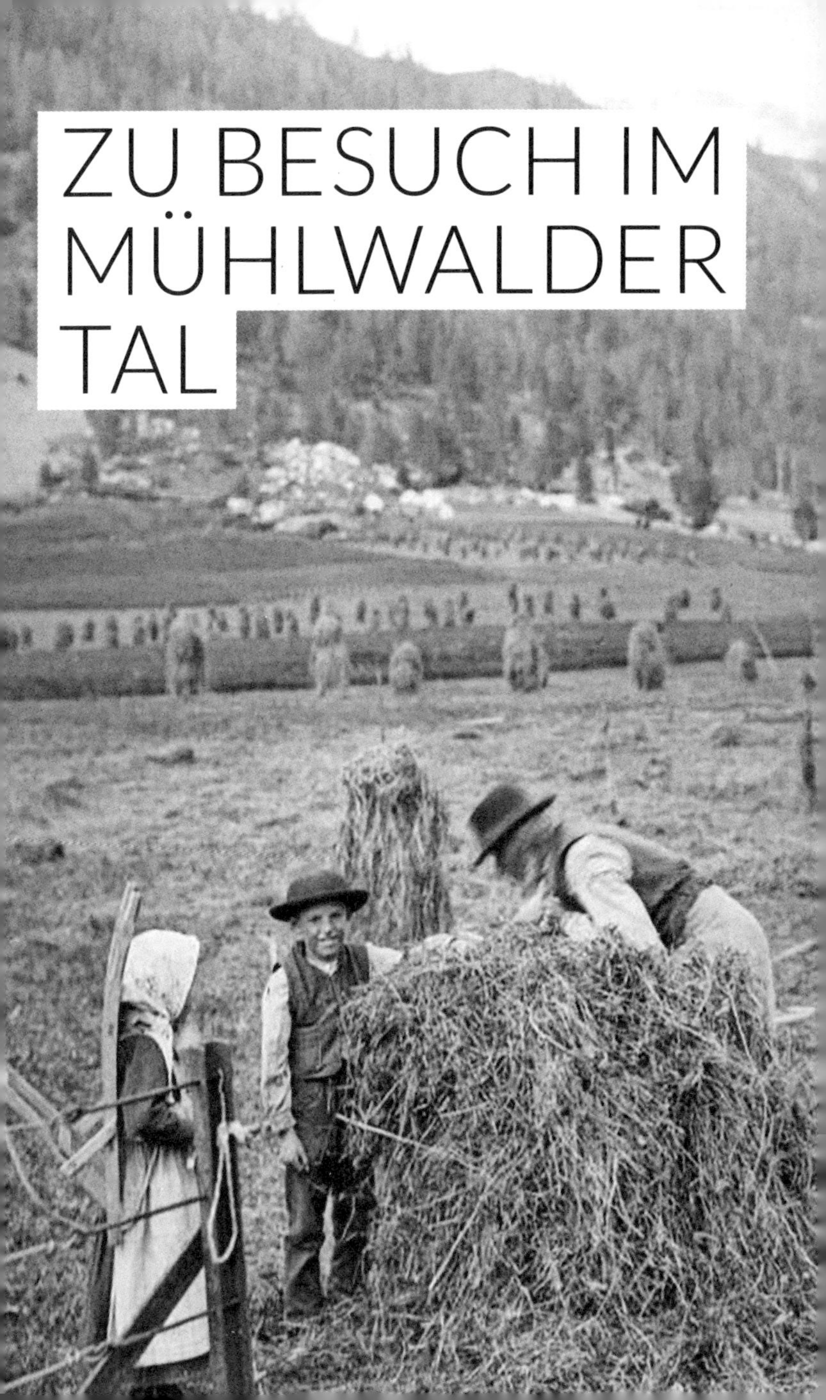

Franziska ist die Älteste der Geschwister. Das Leben und die Liebe haben sie ins Mühlwalder Tal ziehen lassen, genauer gesagt ins letzte Dorf des Tales, ins Bergdorf Lappach. Dort ist sie, gemeinsam mit ihrem Mann und ihrem Sohn, die bescheidene Herrin über einen kleinen Hof geworden.

Franziska ist eine überzeugte Bäuerin. Sie hat sich ganz auf biologische Landwirtschaft eingestellt, und gemeinsam mit ihrem Mann baut sie vieles selbst an, was sie zum Leben benötigen: Kartoffeln, Kraut, Beeren, Gemüse, Salat. Ihr Mann ist Jäger und sorgt dafür, dass in ihrer Kühltruhe oft Reh- und Gamsfleisch zu finden ist. Das Brot backen sie selbst im hofeigenen Backofen. Ihr Leben ist einfach und genügsam.

Als ihre Geschwister sie an ihrem Geburtstag überraschen, hat sie gerade die für das Tal typischen Krapfen mit Spinat-, Kraut-, Kartoffel- und Topfenfüllung gebacken, über die sich die Fünf vergnügt hermachen. So etwas Gutes bekommen sie nicht jeden Tag. Ihre Mutter hat, als sie noch Kinder waren, immer diese Krapfen an den Samstagen gebacken. Dazu gibt es Kaffee.

Anton probiert einen Krapfen mit Kartoffel-Topfen-Füllung. „Wirklich köstlich“, bemerkt er, „die Füllung hast du natürlich selber gemacht, stimmt das, Franziska?“ Seine Schwester bejaht: „Natürlich, wir haben noch unsere eigene Milch, und mein Mann hat draußen gerade den Kartoffelacker für das heurige Jahr hergerichtet. Die Saatkartoffeln müssen nur noch eingesetzt werden.“

Von Pech und Pleiten

ANTON

Jetzt fällt mir eine Geschichte aus unserer Kindheit ein. Es war, glaube ich, Ende der 1970er Jahre. Ich bin noch ein kleiner Junge gewesen. Damals musste Vater eine der größten Pleiten und Enttäuschungen hinnehmen und mit ihm wir alle, die ganze Familie.

Einige Jahre war das Geschäft mit der Genossenschaft und dem Anbau von Speisekartoffeln recht gut und gewinnbringend verlaufen. Vater hatte, in bescheidenem Maße, etwas Geld verdient. Besagte Genossenschaft war eine italienische, mit einer Niederlassung in Bruneck, die uns unsere Speisekartoffeln abnahm. Sie lieferte außerdem die Setzlinge für den Anbau, kontrollierte die Qualität und garantierte die Abnahme der Ware. Ich habe versucht, den Namen der betreffenden Kartoffelanbau-Genossenschaft herauszufinden, aber es ist mir leider nicht gelungen.

Vater pflügte mit unserer tatkräftigen Hilfe die steinigen Äcker. Unsere Seilwinde zog den Pflug, und dann mussten wir Kinder tagelang mit einer Haue die Erdschollen zerkleinern und die Saatkartoffeln mit ihren langen Keimen in langen, geraden Reihen setzen. Wenn die Triebe der Kartoffeln dann ausschlugen und sich das erste Grün der Pflanzen den Weg an die Erdoberfläche bahnte, musste das Feld gejätet werden. Die Erde rund um die Pflanzen wurde gelockert und aufgehäuft, sodass sich darunter im Erdreich die jungen Knollen bilden konnten.

Ich kann mich noch daran erinnern, wie im Hochsommer die italienischen „Kartoffelmänner" bei uns vorbeikamen. Sie rissen probeweise einige Kartoffelstauden aus und kontrollierten das Wachstum, die Gesundheit und die Qualität der Pflanzen. Anschließend entschieden sie, ob die Stauden mit Chemikalien behandelt werden mussten oder nicht. Meistens war das nicht notwendig. Wir lieferten nur allerbeste Qualität.

In diesem schicksalhaften Jahr hatte sich Vater, ermutigt durch die bescheidenen Erfolge und Verdienste in den Vorjahren, vorgenommen, besonders viele Kartoffeln anzupflanzen. Wir pflügten also unser halbes Feld um. Es waren gewiss einige Hektar, und anschließend setzten wir in mühevoller Handarbeit das von der Genossenschaft gelieferte Saatgut in die Erde. Im Sommer leuchteten dann unsere Kartoffelfelder in einem satten Dunkelgrün, und die Stauden erblühten in ihrer weißen Blütenpracht. Die „Kartoffelmänner" hatten nichts zu beanstanden, und unsere Augen strahlten in der Erwartung einer reichen Ernte. Diese begann dann am Ende des Sommers. Für uns Kinder fing jetzt eine Zeit voller Mühen und Plagen an. Tagelang, ja wochenlang, klaubten und sortierten wir die Kartoffeln aus, welche Vater und einige Helfer aus der Erde gehauen hatten, und füllten sie in große, braune Jutesäcke. Vater hatte eingesehen, dass wir Kinder diese Arbeit nicht alleine schaffen konnten und stellte noch einige ältere Nachbarkinder als Kartoffelklauber an. Die kleinen und durch die Haue beschädigten Kartoffeln sollten unsere Schweine bekommen, die großen, schönen die italienische Genossenschaft. Ach, hätten wir doch alle an unsere Schweine verfüttert, wir hätten eine riesige Herde mindestens ein Jahr lang davon ernähren, ja mästen können. Das Warum erkläre ich euch später.

Am Ende des Tages wurden die gefüllten und mit Spagat (Schnur) verschnürten Kartoffelsäcke auf einen flachen Holzschlitten geladen und mit der „Figaro“, so hieß unsere erste Mähmaschine, an den Feldrand gezogen, wo eine mannshohe Mauer aus Granitquadern gegen die Straße hin abfiel. Dort wurden die prallen Säcke aufgestapelt.

Tagelang, ja wochenlang knieten wir Kinder in der feuchten Erde und klaubten die gelben Knollen auf, das „Gold des Pustertales“. Die Mühen und Strapazen erschienen uns unendlich. Die Sonne brannte unbarmherzig vom Himmel, unsere Rücken schmerzten, aber wir sahen auch, wie die Mauer aus gefüllten Kartoffelsäcken an der Straße wuchs und wuchs. Vater war jetzt sichtlich gut aufgelegt, er sang und pfiff vor sich hin. Das war bis dahin immer ein gutes Zeichen gewesen. Im Geiste mag er sich schon den Lohn für unser aller Mühen und Plagen ausgerechnet haben.

Endlich kam das lang ersehnte Ende der Erntezeit. Endlich war die Plackerei vorbei. Die Mauer aus den prall gefüllten Kartoffelsäcken am Straßenrand hatte enorme Ausmaße angenommen. Sie reichte fast bis zu unserem Hausdach hinauf, und am Abend turnten und kletterten wir Kinder stolz darauf herum.

Ein paar Tage danach fuhr ein riesiger Lastwagen vor, und einige Männer brauchten die Säcke nur noch auf die Ladefläche zu ziehen. Der Lastwagen musste gleich zweimal vorfahren, so viele Kartoffeln hatten wir aus der Erde geholt.

Dann kam endlich der lang erwartete Brief von der Genossenschaft. Vater riss ihn neugierig auf und dann, ich werde es nie vergessen, erstarrte seine Miene zu einem Ausdruck des Entsetzens. Der Zahltag wurde zur Katastrophe. Vater erfuhr nämlich aus dem Brief, dass die italienische Genossenschaft inzwischen, anscheinend aus heiterem Himmel, in Konkurs gegangen war. Mit fatalen Folgen für unsere Familie. Einige Monate harter Arbeit waren umsonst gewesen. Wir bekamen am Ende gar nichts für unsere Ernte. Der symbolische Betrag von ein paar Hundert Lire reichte nicht einmal aus, um den versprochenen Lohn an unsere Helfer, die Nachbarskinder, auszuzahlen. Ja, später kam es noch schlimmer. Stellt euch vor, Vater sollte den lächerlichen Betrag wieder an die Genossenschaft zurückzahlen. Ob das Vater wirklich gemacht oder ob er sich standhaft geweigert hat, den lächerlichen Betrag zurückzuzahlen, entzieht sich meiner Kenntnis. Jedenfalls war Vaters Enttäuschung, und natürlich auch unsere, riesengroß. Dazu kam noch der Ernteausfall des Winterheues. Wir hatten ja in diesem Jahr, ich habe es schon erzählt, das halbe Feld umgepflügt, um die Kartoffeln zu setzen. Vater musste schließlich noch Heu dazukaufen, um unser Vieh durch den Winter zu bringen. Dieses Heu kam in Ballen aus der Poebene.

Unser Experiment, die Zeit des gewerblichen Feldfrüchteanbaus, war damit endgültig Geschichte. Wir bauten seitdem nur mehr Kartoffeln für den Eigenbedarf an.

Fällt jemandem von euch noch der Name dieser italienischen Konkurs-Kartoffel-Genossenschaft ein?

Italienisches Heu

ROBERT

Nein, Anton, der Name der italienischen Gesellschaft fällt mir leider auch nicht mehr ein.

Zu deiner Erzählung möchte ich noch anmerken, dass die Ahrntaler Bauern höchstwahrscheinlich durch den Zukauf von Heu aus Oberitalien die Ratten eingeschleppt haben, die ihre Nester in den Heuballen angelegt hatten. Seitdem sind sie auch bei uns heimisch geworden, diese nicht gerade sympathischen und appetitlichen Viecher.

Zum Thema „wallischis Hei“[4] fällt mir gerade eine Anekdote ein, die ich einmal erzählen hörte. Zwei Ahrntaler Bauern sitzen in einem Gasthaus zusammen. Einer hat beobachtet, dass sein Berufskollege Heuballen aus der Poebene zugekauft hat. Neugierig fragt er: „Fressn sie's abi die Kieh, des wallische Hai?“[5] „Na“, antwortet der Erste daraufhin genervt, „ibohaup net fressn sie's; na hon i's ihnen gstreb, und iz liegn sie mo niedo a nimma.“[6]

Das spricht nicht gerade für die gute Qualität des italienischen Heues von damals. Naja, man weiß es ja, Ahrntaler Kühe sind es gewohnt, nur das Beste zu bekommen.

---

4 Italienisches Heu

5 Fressen deine Kühe dieses italienische Heu?

6 Nein, sie fressen es überhaupt nicht; dann habe ich probiert, das Heu als Streu zu verwenden, und jetzt legen sich meine Kühe überhaupt nicht mehr nieder.

Achtung, Steinschlag!

KLAUS

Nachdem du unsere „Kartoffelpleite" so schön geschildert hast, Anton, ist auch meine Erinnerung daran wieder wach geworden. Ja, das war damals eine traurige Geschichte. An den Namen der Genossenschaft kann ich mich leider auch nicht mehr erinnern.

Als du vorhin die Geschichte erzählt hast, ist mir ebenfalls eine ziemlich traurige Begebenheit eingefallen, die unserer Familie ebenfalls große finanzielle Verluste beschert hat.

Zu den Weidegründen unserer Alm gehörte damals auch ein sogenannter **Lahner**, ein steiler, mit vielen Legföhren bewachsener Grundstücksstreifen, der sich vom Bach bis hinauf zu den Felsen zieht. Immer wieder mussten wir Kinder unsere Tiere dorthin treiben, was etwa eine Dreiviertelstunde Fußmarsch in Anspruch nahm. Dann ließen wir sie dort ziemlich unbeaufsichtigt weiden, zumal der Streifen mit einem Stacheldrahtzaun eingehegt war. Solche Stacheldrahtzäune waren und sind eine Plage und auch ziemlich gefährlich für die Tiere, welche sich daran öfters schwer verletzt haben. Sie waren damals leider ziemlich in Mode, und man findet heute noch die rostigen Reste dieser Umzäunungen.

Am Abend holte man die Tiere wieder ab und brachte sie in den Stall zurück.

Unser **Lahner** war ein gefährlicher Ort. Im Winter donnerten immer wieder die „Lahnen", die Lawinen, von den Felsen herunter. Aber auch im Sommer konnte es, besonders nach längeren Regenfällen, gefährlich werden, denn dann passierte es öfters, dass plötzlich Steine von den Felsen herunterstürzten und Mensch und Vieh in Gefahr brachten.

Ein solcher Steinschlag geschah während eines Sommers in den 1970er Jahren. Ich war nicht auf der Alm, aber ich kann mich gut daran erinnern, wie plötzlich, an einem Nachmittag, ein Junge die Schreckensbotschaft auf unseren Hof brachte. Eine Steinlawine auf unserem **Lahner** hatte drei Jungkühe getroffen. Sofort wurde die Nachbarschaft alarmiert. Alle Männer, die irgendwie abkömmlich waren, wussten gleich, was sie tun mussten. Ich sehe es heute noch vor mir, wie eine Reihe von Männern mit Kraxen auf dem Rücken aufbrach und auf die Alm stieg. Damals führte noch keine Forststraße ins Wollbachtal.

In einer Notsituation einander zu helfen, war damals fast selbstverständlich. Wenn Not am Mann war, dann handelte man umgehend. Die Männer retteten, was noch zu retten war. Sie trugen das Fleisch der verunglückten Tiere in ihren Buckelkraxen zu Tal, damit nicht alles verloren war. Der Schaden war auch so beträchtlich. Obwohl Vater auf der Alm geblieben war und eine Notschlachtung der abgestürzten Tiere in die Wege geleitet hatte, hatte die Qualität des Fleisches natürlich Schaden genommen. Außerdem waren diese Tiere nicht zur Schlachtung vorgesehen gewesen, sondern zur Aufzucht. Pech gehabt!

ANTON

Apropos Steinschlag, noch eine Anmerkung von mir. Im Jahr 1976 gab es in der Region Friaul eine Serie von verheerenden Erdbeben, der fast 1000 Menschen zum Opfer fielen. Auch in den Nachbarregionen war dieses katastrophale Beben zu spüren. Auch bei uns. Vater, er hielt sich auf der Alm auf, hat damals erzählt, wie auf einmal mitten in der Nacht unsere Almhütte erzitterte und schwankte. Die Holzbalken ächzten und krachten. Und dann donnerten schon im ganzen Almtal von allen Seiten die Steinlawinen talwärts. Eine unheimliche Situation. Zum Glück ereignete sich das Erdbeben mitten in der Nacht, somit kamen weder Menschen noch Tiere zu Schaden.

ZU BESUCH BEI ROBERT

Ende November hat Robert Geburtstag. Seine Geschwister sind zu Besuch gekommen, um ihm zu gratulieren. Nun sitzen sie bei Kaffee und Krapfen zusammen.

Robert hat noch zu Vaters Lebzeiten den Hof übernommen und ihn mit seinem Sohn weitergeführt. Seitdem hat sich vieles verändert. Auf dem Hof arbeiten keine Knechte und Mägde mehr. Maschinen haben das Personal ersetzt, die Felder sind von Steinen befreit und planiert worden, viele Feldmauern, einst Abenteuerspielplatz für die Geschwister, sind entfernt worden. Sie standen dem Maschineneinsatz im Wege. Von der Landwirtschaft allein könnte Roberts Familie nicht mehr leben. Er und seine Frau haben sich deshalb immer mehr auf den Tourismus eingestellt. Begonnen hat dieser schon Ende der 1960er Jahre, als Vater es gewagt hatte, beinahe ohne finanzielle Mittel das Haus umzubauen und das Futterhaus auszusiedeln und neu zu errichten. Vorher war der Hof ein **Einhof** gewesen.

Der Tourismus auf ihrem Hof hatte sehr bescheiden begonnen. Damit Vater die Schulden des Haus-Umbaues stemmen konnte, nahm die Familie notgedrungen in ihrem Haus Jugendgruppen auf, die ein Tourismusunternehmer namens Bundschuh ins Ahrntal brachte. Diese ersten Touristen sorgten damals für viel Aufregung und Unruhe im Haus und im Dorf, zumal zwei ganz unterschiedliche Welten aufeinanderstießen; eine noch ziemlich weltfremde und abgeschlossene bäuerliche und eine städtische, die sich in ihren Einstellungen zu Sitte und Moral fundamental voneinander unterschieden. Da waren Reibungspunkte und Probleme vorprogrammiert.[7]

Doch der Tourismus ist heute nicht das Gesprächsthema der Geschwister, sondern die Ausbildung von Roberts jüngster Tochter, die gerade die Schule erfolgreich abgeschlossen hat und vor ihrem Eintritt ins Berufsleben steht. Plötzlich steht Robert auf und kommt mit einem kleinen blauen Heft zurück, das er seinen Geschwistern zeigt.

7 Konrad Steger: Als noch Kartoffelfeuer brannten. Eine Kindheit im Ahrntal, Athesia 2016

Schulaufsätze anno 1966

ROBERT

Schaut mal, das ist ein altes Schulheft aus den 1960er Jahren, ein kleines Heft mit Deutschaufsätzen von mir. Das Heftchen hat mir vor einiger Zeit mein lieber früherer Lehrer und späterer Direktor Rudolf Tasser vorbeigebracht, der mich vor über 50 Jahren im Fach Deutsch unterrichtet hatte. Er hat es aufbewahrt, weil ihm die Aufsätze anscheinend so gut gefallen haben, und jetzt hat er es mir wieder überlassen. Meine Tochter bewahrt es nun auf. Anton, lies bitte mal einige Aufsätze vor. Ich bin schon gespannt, was ihr zu den Geschichten sagt!

Schularbeit, am 16. 11. 1966[8]

Auf frischer Tat ertappt

Die Mutter erzählt mir oft, was ich, als ich noch ein kleiner Junge war, alles getrieben habe. Heute will ich einmal meine früheren Taten erzählen.

Ich trippelte eines Sonntags in die Küche. Niemand war drinnen, und ich konnte einmal die Küche auf den Kopf stellen. Zuerst warf ich ein Glas auf den Boden, dann wieder eines, daß die Scherben nur spritzten. Dann schaute ich auf den Tisch und ich erspähte in einer Schüssel etwas Weißes. Ich rückte einen Stuhl

8 Die folgenden Schularbeitentexte habe ich so belassen, wie sie vor gut 50 Jahren geschrieben worden sind. Nur einige offensichtliche Rechtschreibfehler sind von mir korrigiert worden.

zum Tisch, und mit Mühe gelang es mir hinaufzusteigen. Zuerst griff ich mit dem Zeigefingerlein hinein und steckte es in den Mund. Oh, wie schmeckte es mir! Bald fuhr ich mit der ganzen Hand hinein. Ich leckte sie mit einem solchen Vergnügen ab, daß es nur so schmatzte. Bald fing ich an zu rühren und zu allerletzt dachte ich mir: „Warte, jetzt werde ich dich einmal versohlen, du Rahm, du verfluchter!" Ich hieb mit den flachen Händen hinein, daß es nach allen Seiten spritzte. Das gefiel mir, denn ich war inzwischen weiß geworden, und so oft ich hineinhieb, machte es „Platsch". Die Schüssel war schon fast leer. Aber, oh Schreck, die Mutter kam! Sie schlug die Hände über dem Kopf zusammen und schrie: „Jesus, Maria und Josef, was hast du denn getan?" Und noch bevor sie mir ein anderes Kleid anzog, hat sie mir den Hosenboden tüchtig weichgeklopft.

Doch ich meine, es hat geholfen, denn eine solche Dummheit habe ich nachher nie mehr angestellt.

Schularbeit, am 7. 12. 1966

Ein Erlebnis im Winter

Wir köpfen jedes Jahr im Winter die alten Hennen. Eines Tages, als der Sohn des Nachbarn kam, schlachteten wir den großen Hahn. Wir legten den Kopf in eine Schachtel, die Eingeweide dazu, deckten sie wieder sorgfältig zu, und spazierten damit zum Nachbarn. Dort legten wir die Schachtel auf die Bank und gingen mit ihr danach in die Küche, wo die Bäuerin Krapfen backte. Wir behaupteten, die Schachtel sei auf der Bank gelegen, und wir hätten sie hereingetragen, bevor sie ein Dieb stehlen würde. Sie dankte uns höflich, und da ihre Adresse darauf war, glaubte sie es. Wir schlichen heimlich zur Tür, aber schon hörten wir ihre Schritte. Sie kam mit dem Besen dahergerannt und wollte uns einmal richtig versohlen. Wir liefen, daß der Schnee nach allen Seiten spritzte und hinter uns hörten wir das häßliche Geschrei der wildgewordenen, dicken Frau. Sie fing an zu keuchen, denn sie konnte über den tiefen Schnee fast nicht weiter. Auf einmal flog die Schachtel über meinen Kopf hinweg in den Schnee, die Frau mußte umkehren, sie konnte nicht ausdauernd laufen. Noch einmal hörten wir sie fluchen und schimpfen, das Tor ging zu, und wir lachten so, daß wir in den Schnee fielen. Nachher trabten wir gemütlich nach Hause. Als der Vater das hörte, lachte er auch und sagte aber: „Neckt doch die Frau nicht!"

ANTON

Ich habe immer wieder schmunzeln müssen, während ich die zwei Aufsätze vorgelesen habe. Du bist schon immer ein Schlingel gewesen, Robert.

Meiner Meinung nach sind deine Aufsätze ein aufschlussreiches Zeitdokument aus dem fernen Jahr 1966. Die Geschichten geben nämlich Einblick in die Erlebnis- und Gedankenwelt eines zwölfjährigen Kindes, das in der damaligen engen Welt, ohne Videospiele, Internet, Smartphone und Fernsehen aufgewachsen ist. Die Gedanken drehten sich nur um Arbeit, Kirche und Schule. Mir ist bei der Lektüre so richtig bewusst geworden, wie sehr sich unsere Welt und unser Leben seitdem verändert haben.

Das einzige Medium, mit dem wir damals in Kontakt gekommen sind, waren Bücher, welche die Eltern uns zu

Weihnachten gekauft haben, und die karge, vom Pfarrer autorisierte Auswahl an Büchern aus der Pfarrbibliothek. In dieser waren allerdings nur die über 80 Karl-May-Bände für uns lesbar, welche dort in Reih und Glied aufgestellt waren.

Wir haben in einer sehr kleinen Welt gelebt damals, sie hat nur bis ins Nachbardorf gereicht. Ich glaube, im Jahr 1966 hatten wir noch nicht einmal ein Radio. Wir wussten nichts von der Welt – nur das, was uns die damals verfügbaren Schulbücher vermittelt haben.

Robert, bist du einverstanden, wenn ich noch ein paar Schularbeiten vorlese?

… noch mehr Schulaufsätze

ROBERT

Naja, Anton, nachdem du meine Aufsätze sehr gelobt hast, lies bitte noch ein paar vor. Da wären noch einige aus dem Jahr 1967.

Schularbeit, am 15. 2. 1967

In Lebensgefahr

Ich war Hütbub auf unserer Alm.

Eines Tages, als ich auf der sonnigen Wiese Kühe hütete, wurde mir die Zeit zu langweilig, und da ich ein paar Bergsteiger mit einem Strauß Edelweiß sah, kam mir der Gedanke, auch solche Blümlein zu suchen. Gedacht, getan.

Ich kletterte auf den nahen Felsen hinauf, unter mir war der schäumende Bach in der tiefen Klamm. So stieg ich, ohne auf meine Herde zu denken, über die steile Wand hinauf. Immer wieder fand ich einen weißen Edelweißstern. Als ich auf der Schneid war, schaute ich mir die Bergwelt einmal gründlich an. Vor mir in der klaren Luft schwebte ein Adler, ohne einen einzigen Flügelschlag raste er dahin. Eine Gemse lief behend den Berg hinab, und ein Murmeltier pfiff, daß es widerhallte. Schön war's in der sinkenden Abendsonne. Endlich dachte ich an den Abstieg. Stolz wie ein Steinbock kletterte ich die steile Wand hinab, weil der Senner mir von der Hütte aus zuschaute. Unvorsichtigerweise trat ich auf einen lockeren Stein, und ich und der Stein stürzten den Berg hinab. Vorne an der Klamm wuchs ein Dornenbusch, ich fiel hinein und blieb hängen. Erst nach einer Weile konnte ich mich aus dem stechenden Gefängnis befreien. In Kurven stieg ich zur Hütte. Ich hatte, über und über voll Beulen, ganze Flecken Haut abgeschürft und ein Loch im Kopf. Ich war halb nackt, denn die Fetzen der Kleider hingen an den Felsen. Da hatte ich's, für mein stolzes Benehmen!

Schularbeit, am 10. 4. 1967

Eine dumme Geschichte

Es war bei der letzten Kinderbeichte. Johann wollte als erster gehen, aber Josef und ich erlaubten es ihm nicht, und so kam es, daß er als letzter gehen durfte. „Dir werde ich's geben", rief er halblaut, als ich in den Beichtstuhl hineinschlüpfte.

Aber es kam anders. Als ich die Buße gebetet hatte und hinausgehen wollte, ob er sie gebetet hat oder nicht, weiß ich nicht, wartete er schon vor der Kirchtüre und fuhr mir in die Haare. „Jetzt heißt's wehren", dachte ich mir und schlug mit der Faust und den Beinen zu und riß ihn bei den Haaren in alle Windrichtungen. Bald hatte ich ihn am Boden liegen und fragte: „Reicht's dir?" „Nein", antwortete er trotzig. „Auch gut", sagte ich, nahm eine Handvoll Schlamm und rieb ihm das Gesicht schwarz. „Und jetzt?", fragte ich. „Ich ergebe mich", schrie er. Als er nun neben mir dastand, sah ich wie er ausschaute. Das Gesicht war rabenschwarz, die Hose und der Rock waren voll Schlamm und die Ohren voll von Blut. Er heulte wie ein Maulaffe, selbst noch, als er beim Tor seines Hauses hineinlief.

Aber bald danach kam voll Zorn der Vater des Johann mit einer großen Geschwindigkeit dahergerannt und schrie mich wütend an: „Was hast du meinem Buben getan, du Krüppel du verfluchter? Du hast ihn, ohne daß er Schuld hatte, geschlagen, er hat ja ausgeschaut wie der Gekreuzigte." Er hielt mir eine lange, wütende Predigt und hätte mich gewiß bei den Ohren gezogen, wenn mir die Mutter nicht beigestanden wäre. Endlich ging er, er hatte nichts gerichtet, denn wir beide, ich und die Mutter, wehrten uns tapfer und sagten ihm über seinen Lausbuben die Wahrheit.

Wenn ich noch einmal mit ihm ins Raufen komme, werde ich es mir gut überlegen, bevor mich einmal sein Vater bei den Ohren zieht.

ROBERT

Nun, da ich meine Schularbeiten von damals vorgelesen bekommen habe, glaube ich, dass ich gar kein so schlechter Schüler war. Zumindest im Fach Deutsch. Ich finde, ich hatte viel Fantasie. Was sagst du dazu, Anton? Du verstehst ja etwas davon.

Die Rechtschreibung hat sich seit damals auch verändert, das ist mir aufgefallen. Ich habe die Texte mitgelesen, während du vorgelesen hast, Anton. Heute schreibt man „Gämse" statt „Gemse" und „gewiss" statt wie früher „gewiß" und „dass" anstatt „daß". Stimmt's, Anton?

Über die Jugend von heute

ANTON

Ja, das stimmt, Robert! Seitdem hat sich sehr vieles verändert, nicht nur die Rechtschreibung. Und im Übrigen, du hast vollkommen recht, du warst ein guter Schüler im Fach Deutsch. Ich finde, dass heute kaum mehr ein Kind so gut und lebendig schreiben kann. Du hattest eine blühende Fantasie, einen reichen Wortschatz und deine Geschichten sind wirklich aufregend und lustig! Damals haben wir tatsächlich noch Abenteuer erlebt, die erzählenswert waren.

KLAUS

Ich finde, dass die Kinder von heute anders sind, als wir früher. Meiner Meinung nach sind sie gestresster, unruhiger und sie können sich nur mehr schwer konzentrieren. Sie lesen im Allgemeinen nicht mehr so gerne wie wir damals. Die Konkurrenz durch die modernen sozialen Medien, von Fernsehen, Handy und Videospielen ist übergroß geworden. Viele Kinder scheinen heute durch tausend Dinge abgelenkt zu sein, die ihnen wahrscheinlich im Kopf herumspuken.

Ich glaube, dass wir damals, als wir noch Kinder waren, ruhiger, entspannter und ausgeglichener waren. Wir arbeiteten und spielten tagelang im Freien und reagierten unseren Bewegungsdrang dort ab. Am Abend fielen wir todmüde ins Bett. Aber wir waren topfit und gesund, abgehärtet durch die körperliche Arbeit und die ständige Bewegung an der frischen Luft. Unser Essen war meist karg, aber gesund, während manche Kinder heute, bedingt durch zu wenig Bewegung, öfters übergewichtig und relativ unsportlich sind.

Unsere Gesellschaft hat sich verändert, und ich denke, nicht nur zum Positiven. Aber bevor ich zu heftig ins Klagen komme und ihr mir die Leviten lest, stelle ich fest: Ja, auch heute noch gibt es sehr nette, konzentrierte und leistungsbereite Kinder und Jugendliche. Und ja, es gibt auch Eltern, die ihre Erziehungspflichten ernst nehmen und ihren Kindern Sitten, Bildung und Manieren beibringen. Das ist heute alles andere als selbstverständlich, finde ich.

ANNA

Klaus, da hast du aber meiner Meinung nach etwas zu dick aufgetragen. Du stimmst in den Chor der Klagen über die angeblich so schlechte Jugend mit ein. Solche Klagen sind schon so alt wie die zivilisierte Menschheit. Von wegen Verwahrlosung unserer jungen Generation! Es gibt keine wissenschaftlichen Nachweise über reduzierte Intelligenz, Kompetenzverluste im Allgemeinen oder über den moralischen Verfall von Kindern und Jugendlichen. Dennoch werden die Stimmen und Klagen über die „Jugendlichen von heute" immer lauter. Ich habe vorhin, während du dich beklagt hast, zu diesem Thema im Internet recherchiert, und ich habe gerade einige interessante Textstellen und Quellen gefunden. Kaum war die Schrift erfunden, vor gut 5000 Jahren, ging es auch schon los mit den Beschwerden über die Jugend. Ich zitiere: „Die Jugend achtet das Alter nicht mehr, zeigt bewusst ein ungepflegtes Aussehen, sinnt auf Umsturz, zeigt keine Lernbereitschaft und ist ablehnend gegen übernommene Werte."

Diese Aussage stammt aus der Zeit von ca. 3000 v. Chr. und findet sich auf einer Tontafel der Sumerer. Die Sumerer waren ein Volk im heutigen Irak.

Weiter steht in einem Keilschrifttext aus Chaldäa, um 2000 v. Chr.: „Unsere Jugend ist heruntergekommen und zuchtlos. Die jungen Leute hören nicht mehr auf ihre Eltern. Das Ende der Welt ist nahe."

Auf einer Tontafel aus Babylon aus dem Jahr 1000 v. Chr. wurde vermerkt: „Die heutige Jugend ist von Grund auf verdorben, sie ist böse, gottlos und faul. Sie wird niemals so sein wie die Jugend vorher, und es wird ihr niemals gelingen, unsere Kultur zu erhalten."

Im Alten Testament, Micha 7, um 725 v. Chr., wird lamentiert: „Denn der Sohn verachtet den Vater, die Tochter steht wider die Mutter, die Schwiegertochter wider die Schwiegermutter."

Und schließlich sagt Sokrates, der griechische Philosoph, geboren um 469 v. Chr.: „Die Jugend liebt heutzutage den Luxus. Sie hat schlechte Manieren, verachtet die Autorität, hat keinen Respekt vor den älteren Leuten und schwatzt, wo sie arbeiten sollte. Die jungen Leute stehen nicht mehr auf, wenn Ältere das Zimmer betreten. Sie widersprechen ihren Eltern, schwadronieren in der Gesellschaft, verschlingen bei Tisch die Süßspeisen, legen die Beine übereinander und tyrannisieren ihre Lehrer."

Und so geht es immer weiter mit der Meckerei über die Jugend, durch die Jahrhunderte, bis heute. Ich erspare euch weitere Zitate.

Im Grunde beklagen wir uns über dieselben Dinge, über die man sich schon vor Tausenden von Jahren beklagt hat: Luxussucht, schlechte Manieren, Autoritätsverlust, Respektlosigkeit der Jugend.

Ich denke, dass sich eine Gesellschaft durch die Umstände der Zeit verändert und immer weiter verändern wird. Die Jugend hat nun einmal ganz andere Möglichkeiten, als wir sie vor 50 Jahren gehabt haben. Die Gesellschaft ist offener geworden und freier. Der Einfluss der Kirche und anderer Obrigkeiten ist viel kleiner geworden, und das ist meiner Meinung nach auch gut so. In vielerlei Hinsicht haben es die heutigen Jugendlichen besser als wir. Sie haben jetzt ganz andere Möglichkeiten, zum Beispiel bei ihrer Berufs- oder Schulwahl – Möglichkeiten, von denen wir nur träumen konnten. Natürlich ist nicht alles gut, so wie es heute ist. Mag sein, dass Kinder heute unkonzentrierter und weniger obrigkeitshörig, um nicht zu sagen respektloser, sind als wir früher. Das sind die Umstände der Zeit, mein lieber Klaus.

FRANZISKA

In die Klagen über die Jugend von heute mag ich auch nicht einstimmen. Die Zeiten haben sich halt grundlegend verändert, und vieles von dem was wir lernten, brauchen die Jugendlichen von heute wahrscheinlich nicht mehr. Dafür beherrschen sie viel anderes. Sie können zum Beispiel gut mit den modernen Medien umgehen, sie sind viel kritischer geworden und verhalten sich weniger obrigkeitshörig … Und sie haben die extreme Schüchternheit abgelegt, welche uns früher geplagt und uns in unserer Entwicklung sicher gehemmt hat. Sie war schlimm, diese Schüchternheit. Wir waren damals extrem **gschamig** und scheu. Wir trauten uns kaum, einen Erwachsenen zu grüßen, und vor dem Pfarrer und dem Lehrer liefen wir regelrecht davon, wenn wir sie kommen sahen.

Ja, wir waren sicher anders als die Kinder und Jugendlichen von heute, notgedrungen. Die Lebensverhältnisse heute sind ganz andere als unsere früher. Wenn ich an unsere Kindheit zurückdenke, sehe ich, dass wir nur sehr bescheidene Möglichkeiten hatten. Wir lebten ganz anders, in einer fast medienlosen Zeit. Damals aßen wir widerspruchslos alles, was auf den Tisch kam, denn wir bekamen nichts anderes. Wir beugten unsere Köpfe nicht über die inzwischen allgegenwärtigen kleinen Geräte und Spielkonsolen, die so manche heutigen Eltern zur Verzweiflung bringen, weil sie ihnen nichts entgegenzusetzen haben. Wir saßen noch nicht stundenlang vor dem Fernseher und vor den Spielkonsolen. Wir unterhielten uns draußen selbst, bis es Nacht wurde. Wir spielten gefährliche Spiele an gefährlichen Orten und brachten oft Schrammen und Verletzungen mit nach Hause. Mutter schaute dann nicht besonders lange hin und setzte uns ganz einfach ein Heftpflaster auf die Schramme. Wir fuhren ohne Helm Fahrrad auf Feldwegen und Schotterstraßen und Ski auf selbstgetretenen Pisten. Wir zankten und rauften, ohne dass sich die Eltern einmischten. Wenn wir schlechte Noten heimbrachten, wurden wir Kinder von den Eltern selbst ausgeschimpft und nicht durch unsere Lehrer, wie es heute manchmal der Fall ist.

Ja, so haben sich die Zeiten geändert, und mit ihnen die Kinder und Jugendlichen. Diese sind halt heute so wie sie sind, eben zeitgemäß. Ich habe keine Sorge, dass sie ihren Weg nicht machen werden. So wie auch wir unseren Weg gemacht haben. Das Leben geht immer weiter. Wichtig ist nur, dass man etwas aus seinem Leben macht, finde ich.

Ein Schulaufsatz anno 1967

KLAUS

Ja, meine Lieben, jetzt muss ich schon noch ein paar Dinge klarstellen. Erstens: Ich bin mit euren Meinungen großteils einverstanden. Zweitens: Ich habe nur festgestellt, dass sich die Kinder und Jugendlichen in den letzten 50 Jahren ziemlich verändert haben, aber das ist ja auch kein Wunder, da sich ihre Lebensumstände ebenso grundlegend gewandelt haben. Die Welt ist inzwischen unendlich komplizierter und komplexer geworden. Ich denke, dass Kinder und Jugendliche sich vor allem durch den Umgang mit den modernen Medien anders entwickelt haben, die einen zunehmend großen Einfluss auf sie ausüben. Der Fremdenverkehr hat sie und uns alle ebenfalls verändert, vielleicht auch der damit zusammenhängende Wohlstand, der auch in unserem Tal eingekehrt ist.

Abschließend möchte ich noch einmal ausdrücklich sagen: Ich finde schon, dass die Kinder und Jugendlichen heute im Allgemeinen nervöser, unkonzentrierter und vielleicht auch schwieriger geworden sind. Manche sind weniger begeisterungsfähig und leistungsbereit, als wir es waren. Natürlich gibt es auch heute noch tolle, begeisterungsfähige, freundliche und wohlerzogene Kinder und Jugendliche, die gewillt sind, etwas aus ihren Talenten und Möglichkeiten zu machen. Ich stimme voll mit dir überein, Franziska: Vieles hängt ganz einfach von der Erziehung und vom guten Beispiel der Eltern ab. In diesem Zusammenhang fällt mir eine passende Redensart ein: Wie die Alten sungen, so zwitschern auch die Jungen …

ANTON So ist es, Klaus. Damit ihr euch alle wieder beruhigt, lese ich noch eine letzte von Roberts Schularbeiten anno 1967 vor. Ich habe die Arbeit bereits überflogen, während ihr eure Meinungsverschiedenheiten ausgetauscht habt. Ich glaube, der Aufsatz macht noch einmal deutlich, wie sehr sich unsere Welt seitdem verändert und gewandelt hat.

Schularbeit, am 11. 5. 1967

Ein Erlebnis bei der Feldarbeit

„Auf, du Faulpelz, die Sonne steht schon hoch am Himmel, und du liegst noch am Ofen", schrie die Mutter, „geh sofort zur Feldarbeit!"

Bald danach schritt ich mit meinen Geschwistern und dem Hund den Hang hinauf, den Rechen auf der Schulter und die Gabel in der Hand. Das Feld, das fast an den Wald grenzt, war am vorigen Tage gemäht worden, und nun hieß es, das Gras zusammenzurechen und zum Trocknen aufzuhängen. Um die heiße Mittagszeit, beim Zwölfuhrläuten, setzten wir uns und beteten wie gewöhnlich den „Engel des Herrn", aber währenddessen bellte der Hund wie närrisch und griff mit den Tatzen immer wieder in das Loch hinein, das unter einem Baumstrunk in das Erdreich führte. „Was hast du denn, mein Hündlein?", fragte ich, als ich zu ihm trat. Aber er kümmerte sich nicht um meine Worte und bellte noch lauter als zuvor. Alles half nichts, er war nicht zu besänftigen. „Laß mal schauen", sagte ich und griff in das Loch hinein. „Herüber zum Rechen!", schrie der Knecht. „Ich werde schon kommen", antwortete ich, griff erneut in das Loch und alsbald kam die Hand mit einem kleinen Junghäslein heraus. „Die Wasserkanne her", befahl ich der Schwester, die neben mir stand und das zappelnde Ding anglotzte. Bald hernach hockte in der leeren Wasserkanne auf trockenem Gras ein zusammengeducktes Häslein. Wir gaben ein Brett drauf und gingen ruhig an die Arbeit, denn der Hund bewachte das gefangene Tier. Bis zur Marende hatten wir nie mehr Zeit, nachzuschauen, und als wir hineinstarrten, hockte es noch im gleichen Winkel. Zu Hause schmuggelte ich das Häslein zu Tisch und setzte es auf die Bank neben mich. Es ersah sich den richtigen Augenblick und hüpfte über den Tisch in das warme Gebräu, auch Kaffee genannt, dann weiter durch die Stube, wo es eine lange Straße hinterließ. Da saß es nun, das kleine Geschöpf, zusammengeduckt und zitterte vor Angst. „Hinaus mit dem Ungetier", schrie der Vater. Und ich musste es noch während der Mahlzeit, obgleich ich es gerne in den Stall gebracht hätte, hinaus in den kühlen Wald zu Vater und Mutter, zu den Brüdern und Schwestern des Häschens tragen. Aber doch kam mir der Gedanke: „Wird es ihm besser gehen als im Stall bei Kühen und Schweinen? Bevor ich es aussetzte, hielt ich es bei der Pfote und sagte ihm auf Wiedersehen, aber ich habe mich getäuscht, es war ein Nimmerwiedersehen.

EINE DOLOMITEN-WANDERUNG

Die fünf Geschwister brechen schon in aller Frühe auf. Sie haben vereinbart, einen Ausflug in die Dolomiten zu machen. Oft ist solch ein gemeinsamer Ausflug nicht möglich, da einige von ihnen noch voll im Berufsleben stehen, und daher ihre Freizeit knapp bemessen ist. Robert hat sich als ihr Chauffeur angeboten und sammelt seine Geschwister, die sich an den vereinbarten Treffpunkten eingefunden haben, der Reihe nach auf. Franziska und Anton steigen bei Mühlen in Taufers zu. Anna, die über den Brennerpass gekommen ist, und Klaus, der sich in Pfalzen niedergelassen hat, warten in Bruneck.

Nun sind die fünf Geschwister komplett. Ihr Ziel sind die mächtigen Drei Zinnen in den Sextner Dolomiten, dort sind einige von ihnen noch nicht gewesen. Sie fahren ins Oberpustertal hinauf. Bei Toblach biegt Robert ins Höhlensteintal und dann in Richtung Misurinasee ab. Über das Höhlensteintal erreichen sie den See, wo sie ihr Auto parken. Mit dem Linienbus lassen sie sich über die Mautstraße bis zur Auronzohütte hochbringen. Sie wandern zunächst an der Südseite der Drei Zinnen entlang in Richtung Lavaredohütte und dann über einen schmalen Weg weiter hinauf zum Paternsattel. Hier, auf über 2400 Meter Meereshöhe, genießen sie den herrlichen Blick auf die 500 Meter hohen Nordwände der Drei Zinnen. Die Fünf sind beileibe nicht allein unterwegs, das war aber auch nicht zu erwarten gewesen. Touristen wandern in Scharen über die Steige. Wie drei riesige graue Drachenzähne aus der Urzeit erheben sich diese schroffen Felsen. Die fünf Geschwister schauen und staunen. „Stellt euch vor, da wo wir jetzt stehen, war vor über 200 Millionen Jahren ein Meer, und in dem haben sich im Laufe von Millionen von Jahren Sedimente abgelagert. So hat sich das heutige Dolomitgestein gebildet. Und dann haben sich diese gewaltigen Berge aufgetürmt. Vor 200 Millionen Jahren, eigentlich ist das unvorstellbar. Dagegen ist unsere Lebensspanne, in der es uns vergönnt ist, auf dieser Welt zu sein, ein kleiner Hauch“, meint Klaus versonnen. „Ja, ein kleiner Hauch“, lacht Anna, „das hast du schön gesagt, ein Hauch, der verweht und vergeht.“

Sie wandern weiter. Auf der Dreizinnenhütte angekommen, essen sie zu Mittag, und dann geht es entlang der Westseite der Drei Zinnen retour zum Ausgangspunkt, der Auronzohütte.

Die gemeinsame Fahrt zurück nach Bruneck verläuft vergnüglich. Man lässt sich neckisch über Roberts Fahrstil aus, und ihr Gespräch dreht sich schließlich um Roberts erstes Auto.

Von Straßen und Automobilen

ROBERT

Könnt ihr euch noch an mein erstes Auto erinnern? Es war ein weinroter Simca 1000 mit Heckmotor. Ich habe ihn nicht neu, sondern aus zweiter Hand gekauft. Das müsste Anfang der 1970er Jahre gewesen sein. Er sah richtig schnuckelig aus. Fast wie ein Trabi, den man aus der ehemaligen DDR kennt. Vorne blickten einen lustige, kreisrunde Lichter an, innen waren vier Sitze ohne Kopfstütze und die Scheiben musste man mit einer Handkurbel hoch- und herunterdrehen. Es gab, wie sollte es auch anders sein, noch keine Airbags, kein ESP und keinen anderen elektronischen Schnickschnack. Dafür konnte man noch ohne Probleme selbst die Lampen herausdrehen, wenn sie kaputt waren. Und selbst Öl wechseln. Auch Sicherheitsgurte gab es keine. Die Anschnallpflicht kam erst viel, viel später.

Das erste Auto leistete mir jahrelang gute Dienste, und es veränderte vieles, denn es erschloss mir eine neue Welt. Durch meinen geliebten Simca erweiterte sich mein bisher nur auf das Dorf beschränkter Aktionsradius erheblich.

Am Anfang achtete ich sehr auf mein „Baby". Ich hegte und pflegte, schrubbte und putzte es sorgfältig. Sogar ein Dach über der Haube wollte ich meinem Liebling geben.

Auf der Hinterseite unseres Hofes, wo vor der Aussiedlung des **Futterhauses** der Heu**stadel** gewesen war, entfernte ich mit Erlaubnis meines Vaters fünf, sechs Bretter, und schon hatte mein Simca ein Dach über der Motorhaube. Nun konnte ich im wahrsten Sinne des Wortes auf die Holzdielen des ehemaligen Heu**stadels** brettern. Mit der Zeit wurde ich so geschickt beim Einparken meines Simca, dass es nur so eine Freude war. Ein gekonnter Dreh am Lenkrad, gut getimtes Bremsen, und mein Baby drehte sich vor dem **Stadel**tor. Dann schlitterte es in die richtige Position auf den Heu**stadel**brettern und stand perfekt geparkt in seinem Stall. Ich wurde ein wahrer Meister im akrobatischen Einparken.

Auf einem Bauernhof gibt es bekanntlich immer viel zu tun, im Stall, auf dem Feld, im Wald und auf der Alm. Und manchmal war schnelles Handeln gefragt, etwa wenn die Gefahr drohte, dass ich das Milchauto verpasste. Am Ende der 1970er Jahre begannen wir nämlich „Milch zu stellen", also unsere Milch an die Sennerei in Bruneck zu liefern. Der Nachteil daran war, dass wir von da ab nicht mehr eigene Butter und eigenen Käse herstellten. Das wäre ein viel zu großer Aufwand gewesen. Die Butter mussten wir jetzt im Geschäft kaufen. Übrigens, die Bäuerinnen waren damals vom „Milch stellen" gar nicht begeistert, denn nun fiel ihre Einnahmequelle in Form des Direktverkaufes von Butter, Milch und Käse weg. Sie verloren damit die Oberhoheit und die Kontrolle über den familiären Geldbeutel. Das Milchgeld kam jetzt nämlich in Form einer Überweisung auf das Konto, welches meistens der Bauer überwachte. Ein schmerzhafter Machtverlust, kann man da nur sagen.

Aber zurück zu meinem Simca.

Manchmal passierte es, dass die Zeit knapp wurde, in

der ich die Milchkannen zur Sammelstelle bringen musste. Zum Starten unseres kleinen Einachstraktors blieb öfters keine Zeit mehr, wenn plötzlich oben bei der Kirche schon das Milchauto auftauchte. Dann musste ich schnell unsere Milchkannen in mein Blechbaby laden und schnellstens zur Sammelstelle düsen. Unangenehm war, wenn im Stress manchmal etwas Milch in den Kofferraum schwappte, denn ihr wisst wahrscheinlich, welch üble Gerüche verschüttete Milch in einem Auto verursacht. Diesen Geruch kriegt man nie wieder ganz raus, mag man noch so sehr putzen. Meine damalige Freundin war verständlicherweise von diesen üblen Gerüchen wenig angetan, wenn ich sie am Samstagabend mit dem Simca ausführen wollte.

So weit, so schlecht, es kam also dazu, dass ich meinen armen Simca immer mehr zum Transportvehikel umfunktionierte.

Ende der 1970er Jahre wurde unsere Alm durch eine Forststraße erschlossen. Dies ist dem damaligen Landeshauptmann Luis Durnwalder nicht hoch genug anzurechnen. Er ist selbst bäuerlicher Herkunft und war von der Notwendigkeit der Almerschließungen durch Forststraßen überzeugt. Und ich denke, er hat recht behalten. Die Bewirtschaftung kleiner Almen hätte ohne diese Zufahrtsstraßen längst schon aufgehört. Sie wären ohne diese Forststraßen wahrscheinlich heute verwachsen und verwildert.

Mit dem Transport von vier Bienenstöcken auf dieser Straße, hinauf zu unserer Alm, verbinde ich allerdings wenig vergnügliche Erinnerungen.

Es war Ende Mai, und die Alpenrosenblüte in den Bergen stand kurz bevor. Als passionierter Imker hatte ich vom Wanderimkern gehört, und wollte daher mit meinen Bienenvölkern mein erstes Wanderimker-Experiment auf unserer Alm durchführen.

Doch bevor ich dazu komme, noch ein paar Erklärungen an euch, die ihr weniger von der Imkerei versteht. Bienen suchen nur in einem begrenzten Radius von etwa vier Kilometern um das Bienenvolk herum nach ergiebigen Nahrungsquellen. Weiter entfernte Trachtgebiete würden sich für die Bienen aufgrund des hohen Zeit- und Kraftaufwandes für die Erschließung nicht lohnen. Unter Tracht versteht man in der Imkerei das gesamte Angebot an Nektar, Pollen und Honigtau. Das sind alles Produkte, die Honigbienen in den heimischen Stock eintragen. Zur Steigerung der Honigernte nimmt der Imker daher Wanderungen mit den Bienen vor, indem er neue Trachtquellen in weiter entfernten Gebieten aufsucht.

So weit, so gut, ich wollte das Experiment auf unserer Alm wagen. Am Abend suchte ich vier starke, gesunde Bienenvölker aus, die ich mit meiner Allzweckwaffe, dem Simca, auf die Alm transportieren und dort in der Nähe von Erfolg versprechenden Trachtquellen aufstellen wollte. Ich verschloss die Fluglöcher der Bienenstöcke sorgfältig mit etwas Wachs und lud die Bienenvölker in mein Automobil. Einen Kasten stellte ich auf den Beifahrersitz, drei auf die Rückbank. Dann befestigte ich alle gewissenhaft mit einem Seil, damit sie nicht verrutschen konnten. Und los ging das Abenteuer. Lange ging's gut, und der Simca brauste wacker und mit Vollgas die Serpentinen zu unserer Alm hoch. Er hoppelte tapfer über die **Auskehren**, welche in regelmäßigen Abständen in die Schotterstraße eingegraben waren, um bei Regenfällen das Wasser von der Straße zu leiten. Es ruckelte natürlich gehörig, wenn der Simca mit seiner Fracht von Hunderttausenden von Insekten über die **Auskehren** brauste.

Plötzlich hörte ich ein Summen, ich notierte mit einiger Verwunderung aus den Augenwinkeln, dass mir in der Fahrerkabine eine einsame Biene Gesellschaft leistete. Aber das konnte einen erfahrenen Imker wie mich nicht erschrecken. „Oh", dachte ich mir, „lieber eine Biene in der Kabine, als gar keine Unterhaltung. Was soll's, mein Bienchen, dann fährst du eben mit hinauf und leistest mir solange Gesellschaft." Aber bei der friedfertigen Gesellschaft einer Einzelbiene sollte es leider nicht bleiben. Wacker holperte der Simca über die Rinnen, unserer Alm entgegen. Aber wo zum Teufel kamen plötzlich all die anderen Bienen her? Je näher ich der Alm kam, desto mehr füllte sich der Innenraum des Autos mit den zusehends aggressiver werdenden Insekten. Ich kurbelte schnell eine Scheibe herunter, doch das hätte ich lieber bleiben lassen sollen. Der Fahrtwind schien die Viecher noch aggressiver zu machen, denn sie schossen mir immer wieder in die Haare. Das hasste ich, denn angriffslustige Bienen in den Haaren sind eine ganz üble Geschichte. Man kriegt sie nur schwer wieder heraus, weil sie sich bis zur Kopfhaut durchbohren, und dort tun die Stiche besonders weh. Das geht durch Mark und Bein, das kann ich euch sagen.

Es wurden die längsten zehn Minuten meines Lebens. Ich schlug und fuchtelte mit meinen Armen. Anhalten? Und dann? Nein, ich wusste, das war keine vernünftige Option. Da musste ich jetzt durch! Überall glühten und brannten die Stiche. Endlich war ich oben und verließ fluchtartig den Simca, der mir zur Falle geworden war. Eine Wolke von stichfreudigen Insekten stob hinter mir her. Nachdem ich rennend und um mich schlagend die meisten Biester hinter mir lassen konnte, verkroch ich mich in die rettende Hütte. Die verließ ich erst gegen Abend wieder.

Zuerst lugte ich vorsichtig aus der Hütte. Inzwischen hatten sich die Bienen wieder beruhigt und zur Abendruhe in ihre Stöcke zurückgezogen. Ich hob die Völker vorsichtig aus dem Auto und inspizierte die Stöcke genauer. Und da sah ich das Malheur. Bei zweien von ihnen war während der holprigen Fahrt der Wachsverschluss am Flugloch herausgefallen, und so waren nach und nach immer mehr Bienensoldaten herausgeschlüpft, um ihr Volk zu verteidigen. Sie hatten sich mutig in den Kampf gegen mich gestürzt, dabei ihre Sache beeindruckend gut gemacht und Dutzende von Stacheln in mich versenkt. Ich übertreibe ganz und gar nicht.

Übrigens, die vier Bienenvölker trugen während des Sommers reiche Beute in ihre Waben. Im Herbst habe ich sie allerdings nicht mehr in meinem Simca wieder hinunter ins Tal gebracht, sondern ich lud sie vorsichtshalber auf die offene Ladefläche unseres kleinen Einachstraktors. Da konnte nicht mehr viel passieren. Sicher ist sicher! Aus Erfahrung wird man bekanntlich klug.

ANNA

Ich habe so gelacht! Das war wirklich eine unterhaltsame Geschichte, Robert. Dein zweites Auto war ein NSU Prinz, das stimmt doch, oder? Ich erinnere mich, dass du ihn nagelneu gekauft hast, und dass er grün war. Mit dem hattest du doch auch einige aufregende Erlebnisse. Davon hast du einmal erzählt. Ich kann mich allerdings nicht mehr so genau daran erinnern. Bitte, bitte, erzähl die Geschichte noch einmal!

ROBERT

Ja, das stimmt, Anna, nach meiner Allzweckwaffe, dem Simca, habe ich mir einen nagelneuen, mintgrünen NSU Prinz 1000 gekauft. Vom Äußeren her war er seinem Vorgänger, dem Simca, nicht unähnlich. Er war genauso spartanisch ausgestattet, und er war kantig und putzig anzuschauen. Ich war mächtig stolz auf ihn, denn es ist doch mein erstes, wirklich neues Auto gewesen. Ja, auch mit ihm hatte ich einige ziemlich aufregende Erlebnisse.

An einem Vormittag fuhr ich von zu Hause weg und über den Bühel zur Hauptstraße hinunter. Plötzlich sah ich zu meinem Entsetzen im Rückspiegel Flammen aus den Luftlöchern des Motorraums schlagen. Ich bremste schnell und hielt am Straßenrand. Es war in der Nähe des heutigen Fußballplatzes, am Wassergraben, an dem im Sommer einige Italiener immer wieder Frösche gefangen und ihnen die Schenkel ausgerissen haben. Wahrscheinlich haben sie die dann als Spezialität verzehrt. Wir fanden die armen Frösche dann verstümmelt und halb tot. Das war grausam, brrr, ich mag gar nicht mehr daran denken!

Jetzt merke ich es selber, ich schweife wieder einmal vom Thema ab, aber ich erzähle euch meine Erinnerungen eben genau so, wie sie in mir hochkommen.

Also zurück zu meiner Automobil-Geschichte. Als ich die Abdeckung zum Motorraum öffnete, schlugen mir Flammen entgegen. Was tun jetzt? Geistesgegenwärtig hüpfte ich in den Graben, in dem noch die letzten Schneereste des vergangenen Winters lagen. Mit beiden Händen schaufelte ich Schnee auf die Straße, sprang wieder aus dem Graben und warf die Schneereste auf den Brand. Tatsächlich gelang es mir, die Flammen sofort zu löschen, noch ehe sie größeren Schaden anrichten konnten. Als ich nach den Ursachen des Brandes forschte, sah ich, dass sich das Benzinschläuchlein am Vergaser gelöst hatte. Ich vermutete, dass dafür ein Marder verantwortlich war, der sich über Nacht an meinem geliebten Prinzen zu schaffen gemacht hatte. Sauvieh! Benzin war ausgelaufen und hatte sich am heißen Auspuffrohr entzündet. Ein Wunder, dass weiter nichts passiert war. Ich steckte das weich gewordene und nur ein wenig versengte Benzinschläuchlein wieder an den Vergaser. Als ich den Motor startete, sprang er wieder an, so als ob nichts gewesen wäre. Ich habe schon vorhin kurz erwähnt, dass die Autos damals wesentlich weniger kompliziert und kapriziös waren. Kein Vergleich zu heute, wo sie mit komplizierter Elektronik vollgestopft sind. Damals konnte man an Autos noch vieles selbst reparieren. Einmal habe ich zum Beispiel den gerissenen Keilriemen mit einem Nylonstrumpf ersetzt, den meine Freundin notgedrungen ausziehen musste. Der hat eine Weile tadellos gehalten. Meiner Freundin habe ich später natürlich nagelneue Nylonstrümpfe gekauft. Das ist doch Ehrensache.

Jetzt fällt mir noch eine weitere Auto-Geschichte ein, die ich euch nicht vorenthalten möchte.

Einmal fuhr ich mit meinem nagelneuen Prinzen durch das Nachbardorf Steinhaus, als plötzlich eine hübsche, langbeinige junge Frau am Straßenrand ihren Daumen rausstreckte. Autostopp war damals groß in Mode.

Geistesgegenwärtig stieg ich sofort auf die Bremse, und mein NSU Prinz blieb mit quietschenden Reifen neben der Blondine stehen. Ich wollte mir ihre Gesellschaft in meinem Auto nicht entgehen lassen. Während der Fahrt mühte ich mich redlich ab, mit ihr ein Gespräch in Gang zu bringen, doch das war, wie sich leider herausstellte, eine ziemlich vergebliche Liebesmüh.

„Eingebildete Ziege", dachte ich mir und drückte verärgert das Gaspedal bis zum Anschlag durch, bis sich kurz vor der Ortschaft Luttach ganz plötzlich ein kleinerer Graben quer über die ganze Straße auftat. Ich bremste zu spät und raste voll hinein. Die Straße war aufgerissen worden, und die Arbeiter hatten den Graben nur notdürftig mit grobem Schotter aufgefüllt. Es tat einen dumpfen Schlag und ganz kurz darauf noch einen. Der erste Schlag war offensichtlich durch die Erschütterungen beim Überqueren des Grabens ausgelöst worden. Der zweite dumpfe Schlag kam von der Blondine, die, von den Fliehkräften aus ihrem Sitz gehebelt, mit dem Kopf gegen das Wagendach katapultiert worden war. Man bedenke, dass es damals noch keine Sicherheitsgurte gab. Der dumpfe Laut und ihr überraschter spitzer Schrei erfolgten fast gleichzeitig.

„Jetzt ist der Ski ganz ab“, dachte ich erschrocken, „die macht dir die Hölle heiß“.

Zu meinem Erstaunen war die Blondine gar nicht beleidigt. Im Gegenteil, sie begann plötzlich meinen Fahrstil und meinen Prinzen in den höchsten Tönen zu loben. „Dou hosche obo a spritzigis Autole!“[9], lobte sie meinen NSU mit leuchtenden Augen und lächelte mir so schön zu, dass mir ganz warm ums Herz wurde. Das Adrenalin schien ihr durch den Körper geschossen zu sein, und ihre Abenteuerlust war offensichtlich erwacht.

Die weitere Fahrt verlief sehr munter und vergnüglich. In Sand in Taufers war sie aber leider zu Ende, was ich sehr bedauerte. Meiner Blondine war Gott sei Dank nichts passiert, so ein Schädeldach hält schon einiges aus. Schließlich war ja der Oberboden des NSU gepolstert gewesen, zumindest ein bisschen.

9 Da hast du aber ein spritziges kleines Auto!

Erste Autos im Ahrntal

ANTON

Danke, Robert. Wie du ja gehört hast, haben wir uns alle köstlich über deine Geschichten amüsiert.

Während du von deinen Autos erzählt hast, ist mir eingefallen, dass unser Onkel Seppl, der „Medus", welcher Mutters Schwester geheiratet hat, eines der ersten Automobile im Ahrntal besessen hat. Seine Tochter hat mir erzählt, dass das schon im fernen Jahr 1936 war. Der „Medus" war ein rühriger, fortschrittlicher Mann, der die Chancen seiner Zeit genutzt hat. Er war tüchtig, handelte gern und schloss mit vielen Bauern des Ahrntales allerhand Handelsgeschäfte ab. Dabei ist es ihm gelungen, vom einfachen Arbeiter zum Sägewerksbesitzer aufzusteigen. Zudem betrieb er auch eines der ersten Elektrizitätswerke im Ahrntal.

Des „Medus"' erstes Auto war ein imposantes Gefährt, ein schwarzer Fiat Balilla, ein wunderschöner, hoher, kastenförmiger Wagen. Er war glänzend schwarz lackiert, hatte vorne zwei große runde Lichter, riesige gewölbte Kotflügel und an der Seite hing ein Reserverad.

Damals gab es nur Schotterstraßen, ein Zustand, der auch noch lange bestehen blieb. Ich kann mich erinnern, wie wir als kleine Buben auf dem schmalen Fahrweg, der an unserem Hof vorbei zur Kirche hinaufführte, immer wieder mit einer Kartoffelhaue die **Auskehren** ausgeräumt haben. Diese mussten nach jedem Regenguss vom Schotter befreit werden, der sich darin gesammelt hatte. Die Holzrinnen wären sonst beim nächsten Regen übergelaufen, und das Wasser hätte auf der Straße noch größere Furchen ausgeschwemmt. Der damalige Straßenwärter zeigte sich von unserer Arbeit begeistert. „Was andere tun, muss ich nicht tun“, mag er sich gedacht haben. Er hat sich aber auch nicht lumpen lassen und sich bei uns erkenntlich gezeigt. Für unsere Arbeit und um uns weiter für diese zu motivieren, steckte er uns immer wieder mal ein paar Hundert Lire zu.

Während unserer Arbeiten an der Straße in den 1960er Jahren rumpelten die ersten Autos von Touristen an uns vorbei. VW-Käfer, Mercedes und Opel. Wenn es länger nicht geregnet hatte, zogen sie eine Staubfahne hinter sich her. Wie schon gesagt, die Straßen im hinteren Ahrntal blieben noch lange unasphaltiert.

In den 1960er Jahren erfolgte endlich die Verbreiterung und Asphaltierung der Talstraße bis nach Luttach. In diesem Zusammenhang erzähle ich euch eine kleine Anekdote.

Als der damalige Fraktionsvorsteher des Dorfes mit den Verantwortlichen der ANAS, das ist die gesamtstaatliche Straßenverwaltung, einen Lokalaugenschein machte, ersuchte er die italienischen Beamten, „die Stroußе a Brunzatl bruata zi mochn[10]“. Ein Übersetzer, der damals mit dabei war, hatte die verantwortungsvolle und nicht ganz leichte Aufgabe, diese Bitte ins Italienische zu übertragen: „Si prega di allargare la strada per una pisciata[11]“, sagte er. Die Beamten der ANAS stellten sich wahrscheinlich diesen wirklich treffenden Vergleich vor

10 Er bat die Beamten, die Straße um eine Strahllänge beim (männlichen) Abschlagen des Wassers zu verbreitern.

11 Man bittet, die Straße um eine Strahllänge breiter zu machen.

ihren inneren Augen bildlich vor. Sie schauten sich groß an, grinsten breit und brachen anschließend in ein schallendes Gelächter aus. Doch sie waren von der Bitte des Fraktionsvorstehers anscheinend so sehr angetan, dass sie seinen Wunsch sofort in die Tat umsetzen und die Straße erheblich verbreitern ließen. Wo ein Wille, da ein Weg, kann man da nur sagen.

Allerdings erfolgten der Ausbau und die Asphaltierung der Straße nur bis zum Ende des Dorfes Luttach, genauer bis zum Weißenbach. Das ließ die Bewohner von Oberluttach an ein Komplott gegen sie glauben und versetzte sie daher gewaltig in Aufregung und Rage.

Anfang der 1970er Jahre wurde das Asphaltband endlich bis ins Dorf Steinhaus verlängert. Das hintere Ahrntal bis nach Prettau musste allerdings noch viele Jahre auf den Ausbau der Straße und auf eine Asphaltdecke warten. Auch die Verbreiterung und die Asphaltierung der Straße auf den Bühel in St. Jakob verzögerten sich immer wieder. Als es endlich so weit war, fielen unser schöner Backofen und unser großer Garten dem Ausbau der Straße zum Opfer.

Zwar versprach die damalige Gemeindeverwaltung, den Backofen wieder neu zu errichten, aber leider hat Vater es verabsäumt, dies in einem Vertrag schriftlich festhalten zu lassen. Damals hatten Versprechen üblicherweise noch Handschlagqualität gehabt, aber als Vater später wieder einen neuen Backofen errichten lassen wollte, wussten die Gemeindeverantwortlichen nichts mehr von dieser Vereinbarung. Soviel zum Werteverfall und zum Nichteinhalten von Versprechen. *O tempora, o mores!,* sagt der Lateiner. Was für Zeiten, was für Sitten zogen da ins Land.

Auf den neuen Straßen rollten immer mehr Touristen an, und der Verkehr nahm merklich zu. Die Straße zur Kirche hinauf wurde nun auch im Winter geräumt und gestreut, zuerst mit Schotter, dann auch mit Salz. Jetzt mussten leider unsere abenteuerlichen winterlichen Schlittenfahrten ausfallen, die uns in den Jahren davor durch unsere Kindheit begleitet hatten. Sehr, sehr schade fanden wir Kinder das!

Noch etwas zu meiner eigenen Motorisierung. Mein erstes Auto kaufte ich mir am Ende der 1980er Jahre. Es war ein gebrauchter, metallic-golden lackierter Ford Fiesta, Baujahr 1976.

Wir haben vorhin mit großem Vergnügen Roberts Auto-Geschichten zugehört. Auch ich hatte mit meinem ersten Auto ein wenig erfreuliches Erlebnis. Als ich einmal im Winter, von Prettau kommend, zu schnell in die scharfe Kurve beim Niedermoar am Bühel einbog, brach mein Ford Fiesta plötzlich aus und schlitterte krachend in den Gartenzaun. Ich hatte keine Chance, ihn zu bändigen. Damals konnte man von ABS und Allradantrieb nur träumen. Durch den Aufprall auf den Zaun zersplitterten mindestens fünf Holzlatten, und auch die Stoßstange meines Fords trug eine ordentliche Delle davon. Das mit der verbeulten Stoßstange war nicht weiter tragisch, aber noch jahrelang hat mich mein schlechtes Gewissen geplagt, wenn ich beim Niedermoar-Garten vorbeifuhr und die nun ersetzten neuen Holzlatten am Gartenzaun sah. Ich gestehe es, ich habe damals feige Fahrerflucht begangen, aber heute, nach vierzig Jahren, ist diese wohl inzwischen verjährt. Deshalb wage ich, mein Vergehen heute endlich zu gestehen.

ALLERHEILIGEN

Die fünf Geschwister treffen sich, wie jedes Jahr, am Allerheiligensonntag zum Nachmittagsgottesdienst, so wie es Brauch ist in ihrem Dorf und im Tal. Zum Totengedenken. Die Glocken läuten. Es ist kühl geworden, und von den nahen Bergen herunter stöbern Schneewolken durch den herbstlichen Wald. Die Lärchen tragen noch ihr flammend gelbrotes Nadelkleid. Nach dem Gedenkgottesdienst für die Verstorbenen ziehen die Besucher um den Friedhof, dann bleiben die Angehörigen der Verstorbenen an ihrem Familiengrab stehen. Die fünf Geschwister versammeln sich am Grab ihrer Eltern. Dieses ist festlich geschmückt, Kerzen brennen. Am Grabkreuz ist ein kleines Foto der Eltern angebracht. Sie sitzen friedlich beieinander und lächeln. Vater hält, es war eine typische Gewohnheit von ihm, sein Kinn auf eine Handfläche gestützt.

Die Musikkapelle spielt das Stück vom „Guten Kameraden"; es wird der Gefallenen der zwei Weltkriege gedacht. Mit gesenkten Köpfen stehen die Geschwister da, blicken auf das Grabkreuz und jeder hängt seinen Gedanken nach. Am Ende des Gottesdienstes sprengen sie Weihwasser auf das Grab, und dann verlassen die Fünf still und in Gedanken versunken den Friedhof. Robert hat sie zu Kaffee und einer Marende auf den Hof eingeladen, auf dem sie vor langer Zeit gemeinsam aufgewachsen sind und ihre Kindheit und Jugend verbracht haben.

Von unheimlichen Geschehnissen

KLAUS

Wisst ihr noch, wie wir als Kinder in den sogenannten **Seelennächten**, also an den Abenden vor und nach Allerheiligen, mit unseren Eltern hinauf zur Kirche, in die Lourdeskapelle, zum Rosenkranzbeten gegangen sind? Vater hatte während des Krieges ein Gelübde abgelegt, dass er, wenn er heil aus dem Schlamassel zurückkehren würde, jedes Jahr, solange er lebe, in den **Seelennächten** in der besagten Kapelle beten würde. Wir haben sein Gelübde jahrzehntelang erfüllt. An diesen Seelenabenden war ich immer in einer ganz besonderen Stimmung. Mir war feierlich, besinnlich und auch etwas unheimlich zumute, wenn wir in der Schwärze der Nacht zur Kirche hinaufgingen und dann durch den stillen Friedhof schritten, wo auf den Gräbern die angezündeten Grabkerzen flackerten. Weiß und rot wie tausend Augen. Unter der dunklen Erde lagen in den Gräbern die Toten, so stellte ich es mir schaudernd vor, und reckten ihre Knochenhände mit den brennenden Lichtlein empor.

Wir beteten, andächtig auf den engen Bänken der kleinen Kapelle sitzend, den Rosenkranz, und anschließend gingen wir wieder schweigend nach Hause.

Einmal, ich weiß nicht, welcher Teufel mich damals geritten hat, nahm ich auf dem Nachhauseweg zwei brennende Kerzlein von einem der Gräber mit fort. Es war ein plötzlicher Gedanke gewesen, wohl eine verwegene Mutprobe für mich, oder eine kleine Auflehnung gegen Verbotenes und

Tabuisiertes. Vater und Mutter schritten voraus und hatten nichts bemerkt. Wir gingen durch den von brennenden Kerzen erleuchteten Friedhof hinaus und erreichten den Fahrweg, der zu unserem Hof hinunterführt. Ich trug die brennenden Grablichter mit der roten Umhüllung in der Hand. Anna hat mich plötzlich verwundert und ängstlich angeschaut. Da wurde mir siedend heiß bewusst, dass ich, in meiner Vorstellung damals, etwas Verbotenes, ja Frevelhaftes getan hatte. Verzweifelt schaute ich mich um. Ich wollte die Kerzen so rasch als möglich loswerden. Da sah ich in der Dunkelheit am Straßenrand den großen Stein aufragen, auf welchem damals das sogenannte „Paterkreuz" gestanden hat. Dieser Felsen war bei der Straßenverbreiterung Ende der 1960er Jahre halb weggesprengt worden. An einigen Stellen waren noch Vertiefungen im Felsen sichtbar: Reste von Bohrlöchern, in die der Sprengstoff eingebracht worden war. In meiner beginnenden Verzweiflung stellte ich die zwei brennenden Kerzlein in zwei Bohrlöcher. Etwas erleichtert ging ich durch die Nacht, unserem Haus zu. Bevor wir den Hof erreichten, wagte ich einen Blick zum Kirchbühel zurück und erschrak bis ins Innerste meines Herzens. Ich hatte zwei Lichtlein in den Felsen gestellt, und nun sah ich mindestens vier rote Augen in der Dunkelheit glühen. Erschrocken fragte ich dich, Anna, ob du auch diese vier Lichter sehen würdest, und du hast es zu meinem Entsetzen bejaht. In der Nacht habe ich kein Auge zugemacht. Das war die Rache der erzürnten Toten, dachte ich. War es eine Mahnung an mich gewesen? Am nächsten Tag bin ich kleinlaut zum Felsen geschlichen, um nachzuschauen. Da standen die zwei abgebrannten Kerzen in ihrer roten Umhüllung friedlich in den Bohrlöchern. Bebenden Herzens brachte ich sie zurück auf das Grab und rannte wie von Furien gehetzt davon. Dieses, damals für mich erschütternde, Erlebnis ist mir bis heute in Erinnerung geblieben.

Unheimliche Geschehnisse zwei

ANNA

Ja, ich erinnere mich auch noch gut an diesen unheimlichen Abend. Dieses Geschehen kann ich mir auch nicht ganz erklären, aber wahrscheinlich haben uns damals unsere Sinne und unsere müden Augen einen Streich gespielt.

Ich erinnere mich auch noch an ein anderes, für unseren Vater verstörendes, Geschehen, über das wir Kinder später immer wieder herzlich gelacht haben.

Vater war damals im Sommer Senner auf unserer Alm. Obwohl diese nur etwa eineinhalb Stunden Gehzeit von unserem Hof entfernt ist, erschien sie uns damals sehr abgelegen, denn sie war nur auf einem steilen, schmalen Gehweg erreichbar. Keine Forststraße, so wie heute, führte hinauf. Als Kinder mussten wir immer wieder Lebens- und Futtermittel hinaufschleppen, wie auch alles weitere Lebensnotwendige. Auch auf dem Rückweg von der Alm durften wir nie leer gehen. Wir schleppten in unseren Rucksäcken die auf der Alm hergestellten Graukäselaibe und Butterknollen zu Tal.

Jahrelang hatte ein alter Rentner die Alm bewirtschaftet, das „Jaggile", der kleine Jakob, so nannten wir den Mann, bis er es aus Gesundheitsgründen nicht mehr geschafft hat. Und so musste Vater in den Sommern oben bleiben, wohl oder übel, denn er tat das ziemlich widerwillig. Vater war nämlich leutselig, er war gerne in Gesellschaft und redete und diskutierte immer freudig mit den Leuten. Daher fühlte er sich auf der Alm nie besonders wohl. Das Leben dort oben war ihm zu einsam und zu abgeschieden, denn nur selten verirrte sich ein Tourist oder ein Jäger hinauf.

Einmal kam Vater abends überraschend von der Alm nach Hause und wollte von Mutter wissen, ob denn gestern das „Jaggile" verstorben sei. Warum er denn das frage, erwiderte Mutter verwundert und sah ihn fragend an. Gestern in der Nacht sei es in der Hütte ganz unheimlich und gruselig gewesen, erklärte Vater daraufhin. Es habe ständig geknackt, und Schritte seien in der Hütte zu vernehmen gewesen. Jemand sei umgegangen, und ganz plötzlich sei auch noch die große Muspfanne von der Wand gefallen. Vater war sich ganz sicher: Das „Jaggile" hatte sich bei ihm „angemeldet".

In Wahrheit war nichts dergleichen passiert. Das „Jaggile" lebte vergnügt weiter. Es war keineswegs verstorben in dieser Nacht und auch sonst niemand im Dorf. Vater wurde kleinlaut und schämte sich. Wir haben heimlich geschmunzelt und ihn später lauthals ausgelacht, als wir unter uns waren. Die Einsamkeit, die Stille in der nächtlichen Hütte hatte Vater wohl genarrt, oder vielleicht hatte ein Marder oder ein Hermelin auf der Jagd den Lärm verursacht. Diese wendigen Tierchen konnten sich nämlich immer wieder Zugang in die Hütte verschaffen, wo sie ihrer Beute, den Mäusen und Insekten, nachjagten.

Vater war normalerweise ein rational denkender Mensch, der mit beiden Beinen fest im Leben stand. Aber ihr wisst auch alle, wie sehr Vater an die **Schwendtage** glaubte, an die Tage, die seiner Überzeugung nach unheimliche Mächte beherrschten. Das waren die Dienstage und Donnerstage. An diesen für ihn „Tabutagen“ hätte Vater es nie gewagt, bestimmte Arbeiten zu verrichten oder die Kühe auf die Alm zu treiben. Dies hätte in seiner Vorstellung Unglück gebracht. Soviel zum Thema „Aberglauben“.

Sagenhafte Geschichten

FRANZISKA

Auch wir Kinder waren ganz und gar nicht frei von Aberglauben und dem Glauben an finstere, gefährliche und zerstörerische Mächte. Aber das war auch kein Wunder, denn unsere Eltern haben uns immer wieder unheimliche Geschichten erzählt: Sagen, in denen finstere Gestalten ihr Unwesen trieben. Auch der Pfarrer damals glaubte an die leibliche Präsenz des Bösen in Gestalt des Teufels, und diesen Glauben hat er uns in der Schule und in der Kirche eindrücklich vermittelt.

Mir sind noch ein paar Sagen in lebhafter Erinnerung geblieben. Ich erzähle euch einige davon. Da ist einmal die Sage vom Schifferle und seinem Kampf mit dem Teufel in der unheimlichen „Haxaue". Das ist eine einsame, dunkle Gegend auf halbem Weg zwischen dem Schlosskofel von Taufers und den ersten Häusern von Luttach.

Ein Bauer namens Schifferle war einmal sehr spät abends zu Fuß nach Sand in Taufers unterwegs. Als er zum Brünnlein in der „Haxaue" kam, begegnete er einer seltsamen, unheimlichen Gestalt.

Aus nichtigem Anlass kam es zum Streit, und die beiden Männer fingen an, miteinander fürchterlich zu raufen. Der Kampf wogte endlos hin und her, keiner gewann und keiner verlor. Da machte die seltsame Gestalt einen Vorschlag: „Zieh doch deine Joppe aus, dann kannst du besser raufen!" Schifferle nahm den Vorschlag dankbar an, und das wurde ihm zum Verhängnis. In seinem Rock befand sich nämlich ein Rosenkranz, ein geweihter Gegenstand, und nur dieser hätte ihn aus den Klauen des Höllischen retten können. Jetzt wurde der Bauer immer schwächer. Besiegt und todmüde ließ er sich auf einem Stein nieder, auf dem ihn der Teufel schließlich erstarren und anfrieren ließ.

Erst als die Morgensonne den Stein erwärmte, kam der Bauer endlich wieder los. Mit letzter Kraft schleppte sich Schifferle nach Sand in Taufers. Dort legte er sich todmüde hin und starb.

Solche und ähnliche unheimliche Fälle sollen sich in der „Haxaue“ öfters zugetragen haben.

Eine weitere düstere Geschichte hat uns Vater gern erzählt. Es war die Sage von den schaurigen 13 Liebespaaren:

Wie Anna schon berichtet hat, hüten sich manche ältere Bauern im Ahrntal noch heute davor, an Dienstagen und Donnerstagen bestimmte Arbeiten zu verrichten oder ihr Vieh auf die Almen zu treiben. Dies soll nämlich ein Unglück heraufbeschwören, denn diese Tage, sie werden **Schwendtage** genannt, beherrschen in der Vorstellungswelt dieser alten Bauern unheimliche Mächte.

Der „Greinwalder Much“ wagte es trotzdem einmal, in einer Dienstagnacht zum **Gasseln** zu gehen. Da kamen ihm oberhalb des Dorfes, in der Dunkelheit des Waldes unterhalb des Voppichlhofes, beim Maschinhäusl, 13 Liebespaare entgegen. Alle trugen **Kenteln** mit sich, scherzten, lachten und jauchzten. In seinem Übermut jauchzte ihnen der „Greinwalder Much“ entgegen. Plötzlich wurde ihm aber sehr unheimlich zumute, und er verbarg sich hinter einem Stein am Wegesrand. Lachend zogen die Liebespaare an ihm vorbei, und das letzte rief höhnisch zum „Much“ hinüber: „Aha, in die Eschtanachte gehsch du a zi gassl?“[12] Und dann stoben die Paare wie ein Wirbelwind und schaurig lachend auseinander und durch den Wald hinunter, dass die Funken ihrer Fackeln nur so sprühten.

12 Aha, in den Dienstagnächten gehst du also auch zum Gasseln?

Sagenhafte Geschichten zwei

KLAUS

Als du die Sagen erzählt hast, an die ich mich auch noch gut erinnern kann, liebe Franziska, sind mir noch ein paar weitere Geschichten eingefallen. Mutter hat sie uns erzählt, als wir noch kleine Kinder waren. Ein alter Mann aus dem Dorf habe ihr einmal die folgende Geschichte erzählt, flüsterte sie geheimnisvoll:

In seiner Jugendzeit sei er einmal ins Nachbardorf zum **Gasseln** gegangen. Der Mond schien hell, und da sah er im Dorf beim „Bixner" eine riesig lange Leiter stehen. Oben am höchsten Fenster lehnte eine dunkle Gestalt. Der **Gassler** klopfte gegen die Leiter, um seinen vermeintlichen Konkurrenten zu stören und zu necken. Daraufhin stieg ein winziges Männlein langsam herunter. Es war seltsam gekleidet und trug Schnabelschuhe an den Füßen. Der Atem stockte ihm, denn das Männlein hatte keinen Kopf auf seinen Schultern, es trug ihn einfach unter dem Arm.

Ohne weiter auf den Mann zu achten, trippelte das Männlein davon. Der **Gassler** schlich mutig hinterher. Als die kleine Gestalt den Mondschatten einer Holzhütte erreicht hatte, war sie plötzlich spurlos verschwunden. Erst jetzt merkte der **Gassler**, dass ihm vor Angst seine Haare wie eine Bürste vom Kopf abstanden. Er verkroch sich in der Holzhütte und traute sich nicht mehr nach Hause, bevor nicht der Morgen graute.

Besonders viel Eindruck hat bei mir auch die folgende Geschichte hinterlassen:

In einer gefährlichen Dienstagnacht wollte ein Mann seine Gefährtin in Prettau besuchen. Als er nach dem Dorf St. Peter durch die **Klamm** ging, hörte er von ferne einen leisen, monotonen Gesang. Verwundert legte der Mann beim „Klammlkreuz" eine Rast ein, denn er wollte sich genau anschauen, wer da wohl daherkäme. Und dann tauchte eine seltsame Erscheinung auf. Vier riesige Männer, alle ohne Kopf, schleppten eine Totenbahre daher, und hinter ihnen marschierte eine bunte Schar von kleinen Männchen. Ihre Adamsäpfel hüpften im Takt ihrer Schritte, und sie sangen vergnügt die rätselhaften und ziemlich sinnlosen Worte: „Sie dolämposchts net, sie dolämposchts net, geht schun, geht schun, geht schun!"[13] Ohne auf den zu Tode erschrockenen Mann beim „Klammlkreuz" zu achten, zog der seltsame Zug vorbei und verschwand in der Nacht.

Bevor ich zum Ende komme: Könnt ihr euch erinnern, wie viel Respekt wir als Kinder vor dem Bach hatten, an dem wir öfters gespielt haben? Wir waren von unseren Eltern vor den Gefahren, die dort angeblich lauern würden, eindrücklich gewarnt worden:

Der **Bochhagse** oder das **Bochgschrua**, so hieß es, locke die Kinder durch eigenartiges, schmatzendes, unheimliches Wimmern und Stöhnen zu den Bächen, um sie so ans Ufer und dann ins Wasser zu locken, und sie dann ins Verderben zu reißen.

---

13 Sie kann keine Lämmer werfen, sie kann keine Lämmer werfen, geht schon, geht schon, geht schon!

Die **Nüinze** lauerte den Kindern gerne unter dem laufenden Mühlrad auf und riss sie in tausend Fetzen, wenn sie sie zu fassen bekam.

Der **Blüitschinke** war das unheimlichste und gefährlichste Schreckgespenst. Er trieb sich nackt, manchmal in Form eines Frauenunterleibes, in Bächen, Seen, Tümpeln und Mooren herum. Dort schlich er sich an die ahnungslosen Opfer heran, riss sie zu sich in die Tiefe und saugte ihnen das Blut aus.

Wir lebten also gefährlich damals, wurden wir doch von vielen Schreckgespenstern bedroht. Aber Spaß beiseite. Der Sinn, dass man uns Kindern diese Schauergeschichten erzählt hat, sollte wohl der sein, dass wir uns von jenen Orten fernhalten sollten, die uns gefährlich hätten werden können. Wir hielten uns nämlich ständig im Freien auf und spielten im Wald und in der Natur. Pädagogisch wertvoll sind solche Erziehungsmethoden aus heutiger Sicht nicht. Unsere Mutter aber hatte einfach keine Zeit, auf uns aufzupassen oder sich ausgeklügelte präventive Maßnahmen auszudenken. Ja, es war die Methode mit der Brechstange, aber sie hat sicherlich ihre Wirkung erfüllt. Wir hielten respektvoll Abstand von gefährlichen Stellen, an denen in unserer Fantasie viele bedrohliche Schreckgespenster lauerten.

FRANZISKA

Ich möchte noch eine kleine Ergänzung zu deinen letzten Geschichten anbringen, lieber Klaus. Ich habe erzählen hören, dass früher die meisten Bäuerinnen auf dem Feld selbst mit anpacken mussten. Dabei hatten sie keine Zeit, ihre meist große Kinderschar zu beaufsichtigen. Nur größere Bauern konnten es sich leisten, eine Kindsdirn, ein Kindermädchen, anzustellen. Wer von den Kindern einen Rechen halten konnte, musste mithelfen. Aber was sollte die Bäuerin mit den Kleinsten tun, mit den Babys, den Kleinkindern, die noch die Obhut ihrer Mutter gebraucht hätten? In ihrer Not band ihnen die Bäuerin einen Strick um den Bauch. Dann wurde ein Holzpflock in den Boden geschlagen, und daran band man das Ende des Strickes, an dem das Kleinkind hing. Durch diese rustikale Maßnahme ging das Kind nicht verloren. Es hatte einen kleinen Aktions- und Bewegungsradius und war durch das Seil einigermaßen vor gefährlichen Abstürzen geschützt.

ANNA

Eine wirklich interessante Geschichte, liebe Franziska. Das ist ja das Schöne an euren Erzählungen, dass in einem selbst, während man sie hört, noch gar manche Erinnerung hochsteigt. Besonders furchteinflößend fand ich immer die Geschichte von der Puppe von „Küizn-hittn“[14], welche Vater uns öfters erzählt hat.

Einige Bauern aus dem Ahrntal besitzen heute noch eine Alm im benachbarten Ziller- und Achental. Die Senner von „Küiznhittn“ waren einst weitum für ihre groben Späße bekannt und berüchtigt. Sie quälten das Vieh, verunreinigten die Speisen, tauften ihren Hund, und als ihnen schließlich nichts anderes mehr einfiel, mit dem sie die Leute hätten erschrecken

14 Alm im benachbarten Zillertal, die einem Ahrntaler Bauern gehört. Als Küize bezeichnete man früher eine selbst angefertigte Holz-Gliederpuppe

können, schnitzten sie eine Holzpuppe, eine **Küize**. Diese setzten sie an den Tisch und strichen ihr immer wieder Mus und Gebackenes in den Mund. Eines Tages sahen die Senner mit Entsetzen, wie die Puppe plötzlich zum Leben erwachte. Sie schnappte nach dem Mus und begann dann immer mehr zu essen. Aus der Puppe erwuchs ein furchterregendes Ungeheuer. „In iaschtn ibowind i, in zweitn schint i, und in drittn wirf i ibos Hittndoch[15]“, drohte es den zu Tode erschrockenen Sennern. Das schreckliche Ungeheuer verschwand erst, nachdem die Senner zu Kreuze krochen und feierlich gelobten, in Zukunft ordentlich und gottesfürchtig zu leben.

Das war meine Sage, an die ich mich noch sehr gut erinnern kann. Noch eine Anmerkung zu Franziskas Ausführungen vorhin. Wisst ihr, wie man früher unruhige, heute würde man sagen hyperaktive, Kinder bändigte und sie am Abend zum Einschlafen brachte? Gar manche Bäuerin wandte ein sicheres, ja ich möchte fast sagen todsicheres, Hausmittel an. Dieses hat die besonders bewegungsfreudigen Kinder garantiert beruhigt und in Schlummer versetzt. Die Mutter kochte und verabreichte ihnen einen Tee aus Mohnkapseln, und schon schliefen die Kinder wie die Murmeltiere. Nicht umsonst nennt man diese Pflanze, die damals fast jede Hausfrau in ihrem Hausgarten anbaute, Schlafmohn. Übrigens, aus den unreifen Kapseln des Schlafmohns kann man Opium gewinnen. Na dann, allen eine gute Nacht!

15 Den ersten schlage ich nieder, den zweiten häute ich, und den dritten werfe ich über das Hüttendach!

EIN VERSCHNEITER SONNTAG

Es ist ein grauer Wintersonntag. Draußen schneit es ununterbrochen; dicke, nasse Flocken fallen aus einem trüben Himmel. Die fünf Geschwister haben sich am Vortag spontan verabredet. Sie wollen sich in Sand in Taufers, auf halbem Wege sozusagen, in einem gemütlichen Café treffen. Nun sitzen vier von ihnen an einem Tisch und trinken gemeinsam Kaffee, essen Kuchen. Anna, die den weitesten Weg auf sich hätte nehmen müssen, fehlt. Sie hat sich vor einer Stunde bei ihren Geschwistern telefonisch entschuldigt. Die Straße über den Brennerpass ist tief verschneit und wäre nur unter Gefahren zu überwinden gewesen.

Nach einiger Zeit in gemütlicher Runde dreht sich ihr Gespräch darum, wie leicht es heute, im Zeitalter von Smartphone und Internet, geworden ist, miteinander in Kontakt zu treten und zu kommunizieren. Das war früher alles andere als leicht gewesen. Sie alle haben noch fast vier Jahrzehnte lang handylose Zeiten erlebt.

Anton beginnt zu erzählen.

Telefongeschichten

ANTON

Könnt ihr euch noch daran erinnern? Als am Ende der 1960er Jahre die ersten Touristen in unser Haus kamen, hatten wir noch überhaupt kein Telefon, geschweige denn ein Handy. Wenn unsere Gäste telefonieren wollten, mussten sie zum Gasthaus auf dem Bühel hinaufgehen.

Die Telefonfrage wurde mit der Zeit aber immer dringlicher, und Vater bemühte sich mit allen Kräften, einen Festnetzanschluss in unser Haus zu bekommen. Aber das war damals alles andere als einfach. Die italienischen Mühlen und Bürokraten mahlen bekanntlich sehr langsam, das war schon vor 50 Jahren nicht anders. Monat um Monat war seit dem Ansuchen um ein Haustelefon vergangen. Wir warteten und warteten, und schließlich wurden Jahre daraus. Alle Bemühungen waren anscheinend vergeblich, alle Ansuchen und Bitten an die staatliche Telefongesellschaft verliefen im Sand oder blieben im undurchsichtigen Getriebe und Dschungel der bürokratischen Kanäle der SIP stecken, der Società Italiana per l'Esercizio Telefonico. So hieß die staatseigene italienische Telefongesellschaft damals. Später wurde sie in Telecom Italia umgewandelt. Dieses Geduldsspiel und der Kampf mit den Behörden dauerten bis zum Jahr 1984 an. In jenem Jahr kam der Journalist, Politiker und bedeutende Akteur beim Aufbau der **Südtiroler Volkspartei SVP**, Friedl Volgger, in unser Haus. Vater war bereits in der **Option**szeit, im Jahr 1939 mit ihm bekannt geworden, denn Volgger, damals einer der **Dableiber**führer, besuchte immer wieder die Italien-Optanten, die **Dableiber**, im ganzen Land, um sie moralisch zu unterstützen und ihnen Mut zuzusprechen. Er besuchte damals auch Vater, der sich nach langen inneren Kämpfen für das **Dableiben** entschieden hatte. Als im September 1943 die Deutsche Wehrmacht in Südtirol einmarschierte, musste Volgger seinen Einsatz für das **Dableiben** mit der Einlieferung ins Konzentrationslager Dachau bezahlen.

Als er uns 1984 wieder besuchte, hatte Friedl Volgger gerade sein autobiografisches Buch *Mit Südtirol am Scheideweg* geschrieben. Er besuchte Vater vor allem, um sein Buch bekannt zu machen. Vater sollte ihm bei der Werbung für seine Memoiren behilflich sein. Ich kann mich noch gut an das Gespräch mit Friedl Volgger in unserer Stube erinnern. Volgger war ein großgewachsener, ernsthafter Mann, der ganz von seiner eigenen Bedeutsamkeit überzeugt war. Vater erzählte ihm mit Stolz, dass zwei seiner Söhne, also du, Klaus, und ich, gerade die Oberschule besuchten und dann ein Studium beginnen wollten. Volgger hörte nur mäßig interessiert zu, doch als Vater ihm von unserer Odyssee, von dem vergeblichen Bemühen um unser Haustelefon erzählte, erwachten plötzlich sein Interesse und sein Ehrgeiz. Ich kann mich noch ziemlich genau an seine Worte erinnern. „Das werden wir doch sehen!“, rief Volgger entrüstet, „ob wir das nicht hinbekommen. Denen werde ich Beine machen! Das wäre ja noch schöner!“

Und siehe da, das Wunder geschah! Wieder einmal bestätigte sich, dass die richtigen Beziehungen Türen und Tore zu öffnen vermögen! Das ist heute nicht anders. Schon ein paar Tage nach Volggers Besuch rollten SIP-Arbeiter in ihren Jeeps an und begannen, in unserem Feld hölzerne Telefonstangen aufzustellen und die Telefonkabel zu verlegen. Damals verliefen die Kabel noch oberirdisch, schwer und grau, von Stange zu Stange. Das letzte Stück des Kabels reichte vom Dach unseres Futterhauses bis unters Hausdach, und von dort wurde der Draht in unsere Stube verlegt. Zwischen den Holzstangen hingen die schweren Kabel schön durch, und auf ihnen ließen sich, mit Vorliebe im Frühjahr und Sommer, Hunderte von Schwalben nieder. Im Herbst versammelten sie sich auf den Drähten, um anschließend gemeinsam zu ihrer langen Reise in den Süden aufzubrechen. Damals gab es noch sehr viele Schwalben, und die Telefonkabel hingen dann noch weiter durch, wenn sie sich in langen Reihen darauf niederließen. Dort sangen und zwitscherten sie fröhlich, schlugen mit ihren Flügeln und jagten wie die Düsenjäger über unsere Katzen hinweg, so als wollten sie damit ihre potenziellen Jäger verhöhnen und auslachen. Dicse flitzten unten ganz nervös herum und hielten sehnsüchtig nach ihrer möglichen Beute Ausschau.

Als das neue Jahrtausend anbrach, begannen die Schwalben immer mehr auszubleiben. Wo sind sie hingezogen, wo sind sie geblieben? War der Grund ihres Ausbleibens die Unruhe der neuen Zeit, welche nun anbrach, die zunehmende Umweltverschmutzung und der damit zusammenhängende Mangel an Insekten, denen sie nun nicht mehr nachjagen konnten?

Da stand er also nun endlich in unserer Stube, der lang ersehnte, graue, unansehnliche Telefonapparat mit seiner Wählscheibe. Für das Verleihen dieses Apparates verlangte die Telefongesellschaft eine saftige Grundgebühr, Monat für Monat, Jahr für Jahr. Erst sehr viel später wurde uns klar, dass man sich selbst einen Apparat hätte kaufen können, was wir dann auch, allerdings erst viel später, taten. Dann kauften wir aber gleich das Modernste, was man damals auf dem Markt bekommen konnte, einen Apparat mit einem Tastenfeld. Wenn schon, denn schon. Was für ein Fortschritt, dachten wir stolz. Solch einen modernen Apparat hat sonst niemand.

Endlich waren wir und unsere Touristen mit der großen weiten Welt verbunden. Es war der bescheidene Anfang unserer Globalisierung.

Telefonieren war damals noch eine ziemlich mühselige Angelegenheit. Daher telefonierte man nur, wenn es unbedingt sein musste. Wenn man sich mit der Welt verbinden wollte, musste man zuerst den Hörer abnehmen. Dann steckte man einen Finger in ein Loch der Wählscheibe, auf welcher die Ziffernfolge von 0 bis 9 aufschien. Anschließend bewegte man die Scheibe mit dem Finger bis zum Anschlag, dann ließ man wieder los. Die Wählscheibe drehte sich mit einem mechanischen Surren wieder zurück in die Ausgangsposition, und man konnte die nächste Nummer wählen. In der eigenen Gemeinde brauchte es keine Vorwahl, wollte man aber nach auswärts telefonieren, war eine eigene Vorwahlnummer erforderlich, die man in dem dicken, gewiss einige Kilogramm schweren Telefonbuch fand, das die Telefongesellschaft Jahr für Jahr neu herausbrachte und verteilen ließ. Junge Menschen, die heute wie selbstverständlich das Smartphone benutzen, wissen das alles nicht mehr. Woher auch? Haustelefone sind heute eine fast ausgestorbene Spezies.

Wollte man damals außerhalb der eigenen vier Wände telefonieren, gab es zu diesem Zweck öffentliche Telefonzellen. Um sie zu benützen, musste man Telefonmünzen haben, die von allen nur **gettoni** genannt wurden. Das waren Einwurfmünzen aus kupferfarbenem Metall, in die drei Rillen eingestanzt waren. Zwei vorne, eine hinten. Diese Münzen konnte man in den Tabaktrafiken kaufen.

Die Prozedur des Wählens war dieselbe wie am Haustelefon, allerdings musste man immer eine Handvoll **gettoni** bereithalten, um den gierigen Apparat zu füttern, der sie geschwind verschlang, besonders dann, wenn ins Ausland telefoniert wurde. Man musste sie in den Schlitz stecken, und sie verschwanden rasselnd und sehr schnell in der Versenkung eines Sammelbehälters. Übrigens, die **gettoni** waren lange Zeit auch als normale Bezahlmünzen im Umlauf. In den 1970er Jahren kosteten sie noch 50 Lire, Anfang der 1980er dann 100 und etwas später schon 200 Lire: bei jeder Preiserhöhung 100 Prozent mehr. Das nenne ich eine galoppierende Inflation.

Telefonstreiche

ROBERT

Jetzt lasst mich mal erzählen. Mir sind nämlich gerade zum Thema „erstes Telefon“ einige lustige Geschichten eingefallen, die sich in unserem Dorf zugetragen haben.

Ein Mann, der bei uns überall für seine derben Späße bekannt ist, hat sie mir einmal lachend erzählt. Vorausschicken möchte ich, dass damals die Leute vor Bürgermeistern, Pfarrern, Beamten, Ärzten, Lehrern und anderen wichtigen Menschen wesentlich mehr Respekt hatten als heute. Auch die Anordnungen von Behörden pflegte man damals ohne langes Hinterfragen, Murren oder gar Widerstand zu befolgen. Heute hat sich das alles ziemlich grundlegend geändert.

Eine Frau im Dorf, die Fremdenzimmer vermietete, hatte endlich, nach dem schon vorhin ausführlich von Anton beschriebenen zähen Hindernislauf mit den Behörden, auch ihren langersehnten Telefonapparat erhalten. So weit, so gut.

Eines Tages klingelte ihr Telefon. „Hier spricht die Telefongesellschaft SIP“, meldete sich der Scherzbold mit einer ernsten, wichtigtuerischen Beamtenstimme. „Mit Ihrem Telefonapparat ist wahrscheinlich etwas nicht ganz in Ordnung. Verstehen Sie?“ „Ja“, meldete sich die Frau erschrocken, „was fehlt denn?“ „Das versuchen wir jetzt gemeinsam herauszufinden und dann zu beheben. Auf jeden Fall gibt es beim Telefonieren mit Ihrem Apparat Nachhall und Rückkoppelungen“, erklärte der vermeintliche Beamte todernst und sehr glaubhaft. „Jetzt hören Sie gut zu. Messen Sie als Erstes die Länge des Kabels vom Wandaustritt bis zum Hörer! Jetzt sofort." „Ja", sagte die Frau kleinlaut und eingeschüchtert. Sie schien keinen Augenblick daran zu zweifeln, dass etwas nicht mit rechten Dingen zugehen könnte. Am Apparat wurde es still. Der Schelm hörte aber mit, wie die Frau umständlich ein Meterband aus einer Schublade kramte und maß. „Es sind genau ein Meter und 85 Zentimeter", meldete sich die Frau schließlich wieder. „Hm", machte der Scherzbold, „das sind 35 Zentimeter zu viel. Liebe Frau, jetzt hören Sie genau zu. Nehmen Sie eine Schere und schneiden Sie genau 35 Zentimeter aus der Schnur heraus. Jetzt gleich, dann wird die Sprachqualität höchstwahrscheinlich wieder ausgezeichnet sein! Ich warte solange am Apparat." Wieder wurde es am Hörer still, erzählte mir der Schelm, „und dann hörte ich noch, wie sie mit der Schere hantierte. Und dann machte es tut, tut, tut ... Sie hat es tatsächlich getan, sie hat tatsächlich das Kabel durchgeschnitten." Der Witzbold krümmte sich vor Lachen, als er mir die Geschichte erzählte.

Doch damit noch nicht genug. Offenbar angespornt vom zweifelhaften „Erfolg" seines ersten Streiches, rief er bald darauf auch noch eine andere Nummer im Dorf an. Mit derselben ernsten, amtlichen Stimme. „Hier spricht die Telefongesellschaft SIP. Hören Sie, Sie telefonieren zu wenig, Ihr Konsum ist zu gering. Wir müssen sehen, wie wir gemeinsam den Umsatz steigern können. Ansonsten müssten wir Ihren Anschluss wieder stilllegen. Haben Sie verstanden?" „Ja", meldete sich eine verzagte Stimme am Apparat. „Ich möchte Ihnen einen

Vorschlag machen, wie wir den Umsatz gemeinsam verbessern können. Sind Sie damit einverstanden, wenn wir in den nächsten Tagen vor Ihrem Haus einen Kondomapparat aufstellen?", erklärte der schelmische Mensch immer noch völlig ernsthaft. „Einen was?", fragte die Stimme am Apparat erschrocken. „Kondome sind Pariser, und die benützt Mann zur Empfängnisverhütung. Verstehen Sie, heutzutage wollen nicht mehr alle Menschen einen Haufen Kinder machen", erklärte der Scherzbold. „Diese Zeiten sind vorbei. Wir möchten einen Apparat aufstellen, aus dem man gegen Bezahlung Pariser herausdrehen kann. Ein solcher Apparat fehlt noch im Dorf, damit können wir sicher den Umsatz steigern und Sie würden Ihr Telefon behalten. Ihr Problem wäre hiermit gelöst."

Jetzt sei es für eine ganze Weile still geworden am Apparat, erzählte mir der schelmische Mensch, und dann hörte er ein erregtes Flüstern im Hintergrund. Bald darauf meldete sich die Stimme wieder mit dem Ergebnis der Beratung. „Nein, wir wollen Ihren komischen Apparat nicht. Was sollen denn der Pfarrer und die Leute über uns denken? Dann verzichten wir lieber auf das Telefon. Nehmen Sie Ihren Telefonapparat wieder mit!" Und dann wurde aufgelegt.

Bravo, das nenne ich Standhaftigkeit und Prinzipientreue.

Moderne Zeiten

ANTON

Ich habe mich gerade totgelacht, Robert. Das waren ja höchst unterhaltsame Geschichten.

Auch ich möchte zum Thema „Telefon“ und „Kommunikation“ noch ein paar Ergänzungen anbringen. Jetzt hört mir mal zu. Aber zuerst will ich euch ein paar Fragen stellen. Wisst ihr noch, was eine Floppydisk, ein Modem und was Napster und eMule waren? Nein? Ich komme später zur Beantwortung der Fragen.

Mein erstes Handygerät kaufte ich mir erst nach dem Jahr 2000. Es war ein blaues Ding aus Plastik mit einer Stummelantenne. Es konnte im Vergleich mit den modernen Smartphones von heute noch gar nichts, außer dass man damit mobil telefonieren konnte. Dafür hielt damals der Akku des Gerätes sage und schreibe eine ganze Woche lang durch. Dann kam das Schreiben von SMS dazu, also das Versenden von Textnachrichten, was heute, nach dem Aufkommen von WhatsApp und anderen Messenger-Diensten schon wieder im Aussterben begriffen ist. Wer schreibt heute noch eine SMS? Wohl nur mehr Leute mit viel Sinn für Nostalgie. Ich kenne kaum noch jemand, der heute noch eine SMS schreibt. Alles kommt und verschwindet wieder heutzutage, mit unglaublicher Geschwindigkeit.

Stellt euch vor: Meine Diplomarbeit an der Universität Innsbruck habe ich 1987 noch mit einer Schreibmaschine getippt. Junge Leute, die heute mit dem Personal Computer aufwachsen, können sich das wahrscheinlich gar nicht mehr vorstellen. Damals, als ich noch mit der Schreibmaschine arbeiten musste, war ich gezwungen, mir zuvor bei jeder Seite auszurechnen, wieviel Platz ich für die Fußnoten am Ende des Blattes brauchen würde. Eine mühselige Arbeit, kann ich euch sagen.

Den ersten Personal Computer kaufte ich mir dann irgendwann in den 1990er Jahren. Der Bildschirm, der in einen schweren und langen Kasten eingelassen war, war damals, im Vergleich zu heute, noch winzig klein und ziemlich unscharf.

Aber jetzt zur Beantwortung meiner Eingangsfragen. Als Speichermedien dienten damals Disketten, die sogenannten Floppydisks. Das waren kleine Plastikscheiben, die man in einen Schlitz des PCs schob, und darauf konnte man dann die Inhalte speichern. Diese Disketten, so nannte man sie auch, hatten allerdings noch sehr wenig Speicherkapazität, etwa 1,4 Megabyte. Heute könnte man auf einer Diskette nicht einmal ein gutes Foto speichern.

Am Ende der 1990er Jahre kam dann, zuerst langsam und zaghaft, das Internet mit seinen neuen und faszinierenden Möglichkeiten auf. Wer heute mit dem weltweiten Netz aufwächst, kann sich die Anfänge nicht mehr vorstellen. Damals brauchte ich, um ins Internet zu kommen, ein Modem und ein Kabel, das ich vom PC zu unserer Telefonsteckdose verlegen musste. Alles lief damals über unser Haustelefon. Man benötigte eine Einwahlnummer und einen Code. Die Einwahl verlief, aus heutiger Sicht, quälend langsam. Das Einwahlgerät, das Modem, gab beim Verbindungsaufbau mit dem

Netz ein typisches Geräusch von sich, das man niemals mehr vergisst, wenn man es öfters gehört hat. Es war eine spezielle Mischung aus Dudeln, Fiepen, elektronischem Geheul und nervtötendem Krächzen. Ihr könnt euch sicher noch daran erinnern. Für mich war es damals der faszinierende Klang einer neuen, modernen, unerhört aufregenden Zeit. Wenn man dann endlich drin war, im Netz, baute sich ganz, ganz langsam, Pixel für Pixel und Zeile für Zeile, die Eingangsseite auf. Die ersten Suchmaschinen hießen damals noch „Excite", „Lycos" und „Altavista", nicht nur „Google" wie heute.

Ich schrieb damals auf meinem PC die ersten Emails, und beteiligte mich an Gruppenchats. In der Anfangszeit, also in der Steinzeit des Internet, gab es nur Übertragungsraten von 4 bis 5 Kilobyte pro Sekunde. Das ist geradezu lächerlich im Vergleich zu heute, wo Übertragungsraten von etwa 30 Megabyte pro Sekunde üblich sind. Das ist etwa 6000 Mal schneller als die übliche Übertragungsrate in den Anfangszeiten des Internet. Ich habe es eben im Kopf überschlagen. Meine Hauptaktivität im Internet beschränkte sich anfangs auf das illegale Herunterladen von Musikdateien mit den Programmen „Napster" und „Emule". Meistens lud ich, es war nicht ganz legal, Rocksongs herunter. Ich staune noch heute über mich selbst, mit wie viel Geduld, immer ein Auge auf den Download-Fortschrittsbalken gerichtet, ich mir eine stattliche Sammlung von Songs zulegte und abspeicherte. Ja, das war ein Geduldsspiel, denn das Herunterladen einer einzigen MP3-Musikdatei konnte fünf, sechs Minuten oder bei noch schlechterer Verbindung entsprechend länger dauern. Aber ich empfand das damals als großen Fortschritt. Vater und Mutter zeigten allerdings für mein Treiben im Internet manchmal wenig Verständnis, zumal sie auch mitbekommen hatten, dass die Telefonrechnung seitdem beträchtlich gestiegen war.

Ich fand es auch viel cooler, meine gesammelten Songs über den PC abzuspielen, als über den nun langweilig gewordenen Kassettenrekorder, welcher in den 1970er Jahren modern geworden war. Bei den Tonkassetten konnte es immer wieder passieren, dass das Band aus einer Spule herausgezogen, aber auf der anderen nicht mehr aufgewickelt wurde. Deshalb verklemmte es irgendwann oder riss. Die Tonbandkassette wegwerfen? Nein, das war damals für mich noch keine Option. Das mit dem Alles Wegwerfen wurde erst später modern. Mit etwas Geschick und Geduld konnte man das Tonband wieder selbst reparieren. Man wickelte den Bandsalat mit einem Bleistift wieder auf. Dieser passte perfekt in die Löcher der Spulen, und dann flickte man das Bändchen mit Schere und Klebestreifen wieder zusammen. Irgendwie ging das, auch wenn dabei ein Teil des Songs verlorenging. Überhaupt konnte man damals noch vieles selbst reparieren.

Wenn man die damaligen Tonträger mit heute vergleicht, haben sich inzwischen wahre Quantensprünge ereignet. Heute kann man Musik problemlos mit dem Smartphone abspielen, mit dem jetzt, vom Kind bis zum Greis, jeder herumläuft. Es ist zum ständigen Begleiter geworden, mit all seinen Vor- und Nachteilen, die es mit sich bringt.

Das Internet ist aus dem heutigen Leben nicht mehr wegzudenken. Egal ob Unterhaltung, Kommunikation oder Einkaufsmöglichkeiten. Ohne das Netz könnten viele Menschen im Alltag vermutlich gar nicht mehr existieren. Leider. Viele Menschen, ob jung oder älter, kleben geradezu an dem Gerät und glauben ständig etwas zu verpassen, wenn sie nicht regelmäßig immer wieder auf ihr Smartphone starren. Dieses zwanghafte Verhalten kann man bei uns ja auch überall beobachten, sei es auf der Straße, in Bussen oder auch im Restaurant. Das Smartphone und die sozialen Medien haben die Art und Weise, wie wir kommunizieren und uns organisieren, grundlegend verändert. Die künstliche Intelligenz wird unser Leben zukünftig noch weiter verändern, sagt man.

Bedenklich ist meiner Meinung nach, dass der heutige Mensch immer mehr mit Bildern, Informationen und vorgefertigtem Wissen überflutet und überfordert wird. Und der Mensch ist gläsern geworden. Google, Facebook, Instagram und andere soziale Netzwerke wissen mehr über uns und unsere Bedürfnisse und Gewohnheiten als wir selbst. Das ist eine bedenkliche Entwicklung, wenn ihr mich fragt.

KLAUS Du hast vollkommen recht, Anton. Ja, es stimmt, das Smartphone ist zu unserem ständigen Begleiter geworden. Aber andererseits ist es verdammt praktisch, denn es ist ja alles in einem. Es dient als Telefon, Fernseher, Fotoapparat, Spielkonsole, Laptop, Navigationsgerät, Stereoanlage, Radio, Stoppuhr, Schrittzähler, Tageszeitung, Taschenlampe, Taschenrechner, Videokamera, Wecker, Sprachaufzeichner, Einkaufsmöglichkeit und vieles andere mehr.

Das Smartphone ist zur Kommandozentrale des Lebens geworden. Bleibt die Frage: Wer führt eigentlich das Kommando, wer hat die Kontrolle über wen? Der Mensch über die Maschine, das Gehirn über das Gerät? Oder doch andersherum?

Die Art der Kommunikation hat sich durch Internet und Smartphone völlig gewandelt. Dabei gibt es positive, aber auch negative Auswirkungen. Ich denke, dass sich die Welt in nächster Zukunft weiter stark verändern wird, ich nenne hier nur die Stichworte Digitalisierung und Automatisierung der Arbeitswelt, die Künstliche Intelligenz.

WEIHNACHTEN

Wie jedes Jahr in der Adventszeit sind die Geschwister an einem Sonntagnachmittag auf den Hof von Franziska eingeladen. Das Haus duftet nach Glühwein und frisch gebackenem Lebkuchen. In den Fenstern der Stube hängen Strohsterne. Auf der Kommode ist eine Krippe aufgestellt.

Sie sprechen darüber, wie wenig man in ihrer Kindheit von der Adventszeit gespürt hat. Es gab höchstens einen Adventskranz in der Stube, der sie auf die kommende Weihnachtszeit einstimmte. Ansonsten verlief das Leben genauso wie das ganze Jahr über. Das Dorfgeschäft sah aus wie immer. Den ganzen Weihnachtsrummel von heute, die Beleuchtung der Straßen und Hausfassaden, welche heute schon zwei Monate vor Weihnachten beginnt, die ständige Werbung im Radio, Fernsehen und in den Zeitungen gab es noch nicht. Und auch nicht den schrillen Kommerz und den Druck des Kaufen-Müssens.

In ihrer Kindheit begann die wirkliche Weihnachtszeit erst mit dem Aufstellen des Christbaums am Vormittag des Heiligen Abends. Vater holte eine kleine Fichte aus dem eigenen Wald. Sie wurde einfach, aber festlich mit Strohsternen, Lametta und Kerzen geschmückt. Am Vormittag gab es ein besseres Essen als üblich, und die Kinder wussten, dass am Abend das Christkind kam.

Als es zu dämmern begann, mussten sie das Haus für etwa eine Stunde verlassen. Hinaus in die Kälte. „Sonst traut sich das Christkind nicht her“, sagte Mutter. Endlich war die Zeit um, es war so weit, und die Geschwister stürmten voller

Erwartung in die Stube. Die Kerzen auf dem Christbaum brannten. Die Kinder freuten sich wie die Schneekönige auf die kleinen Geschenke, welche unter dem Baum lagen, auf ein Buch, eine Mütze, auf ein von Vater selbst gemachtes Spielzeug.

Am Abend legten sie sich schlafen wie immer, aber um elf Uhr wurden sie von Mutter geweckt, um gemeinsam die Christmette zu besuchen. Alle hatten noch den Schlaf in den Augen, wenn die feierliche Christmette begann.

Die Ahrntaler Schnitzschule

KLAUS

Eine schöne Krippe habt ihr hier aufgestellt, Franziska. Gestern Nachmittag habe auch ich, so wie jedes Jahr, die Weihnachtskrippe vom Dachboden geholt. Die hat Vater damals noch geschnitzt. Das Aufstellen dieser Krippe löst jedes Mal Erinnerungen an unsere gemeinsame Kindheit und Jugend aus.

Ich sehe noch heute den Vater am alten, zerschrammten Stubentisch sitzen und schnitzen. Der Fußboden war weiß von den verstreut liegenden Holzspänen. In der Luft hing der harzige, würzige Duft des Zirbelholzes. Der Stubenofen glühte vor Hitze. Immer wieder hallten die Schläge des Holzschlegels durch das Haus, wenn Vater den ersten Rohentwurf seiner Schnitzarbeit zuhackte. Dann flogen die Späne durch die Stube.

Vater schnitzte alles, was ihm in den Sinn kam, Wurzelmännchen, **Wetzsteinkümpfe**, Teufelsmasken, lachende Sonnen, Schachfiguren und eben grobe Krippenfiguren; kurzum alles, was die Touristen damals für wenig Geld kauften. Vater hatte viel Fantasie und entwarf immer wieder neue Kreationen. Du, Robert, bist mit am Tisch gesessen und hast auch geschnitzt. Dabei habt ihr über alles Mögliche diskutiert und gestritten, denn ihr wart selten einer Meinung. Jeder wollte recht behalten. Am Abend kehrte Mutter die Zirbelholzspäne zusammen. Es waren oft einige **Kehrtatlan** voll und die warf sie schwungvoll in den Stubenofen. Das sind so schöne Erinnerungen für mich!

Auch für mich sind das schöne Erinnerungen. Vater hat damals in den 1960er Jahren zu schnitzen begonnen, als im Ahrntal der Tourismus aufzublühen begann. Vater fing damit an, weil er seiner Familie ein kleines Nebeneinkommen verschaffen wollte. Er war immer ein findiger Mann, und seine Vorhaben sind ja auch meistens geglückt.

Das Schnitzerhandwerk hat im Ahrntal schon seit Jahrhunderten eine gewisse Tradition gehabt.

Auf den Höfen mussten alle Arbeitsgeräte selbst angefertigt werden, und so waren bei den Bauern vor allem jene Knechte gefragt, die „machen" konnten, also jene, die handwerklich geschickt waren. Auf beinahe jedem Hof, auch auf unserem, gab es einen Raum, der mit reichhaltigem Werkzeug ausgestattet war. Die sogenannte **Machkammer**. In ihr wurden die Arbeits- und Haushaltsgeräte aus den verschiedenen heimischen Holzarten hergestellt: die Holzbestandteile der Pflüge, Eggen, **Arzschlitten**, Windmühlen, Buckelkraxen, Körbe und die **Ferggl**, sowie die unterschiedlichen Stiele für Äxte und Beile, Sensen und Hauen, Besen, Dreschflegel, Rechen und Gabeln. Die **Machkammern** können als der Ausgangspunkt für die Entwicklung des Kunst- und Schnitzerhandwerks angesehen werden. In vielen dieser Räume stand auch eine Drehbank, an der die Bauern und Knechte handwerklich wie auch künstlerisch tätig wurden. Sie drechselten vor allem Gefäße für die Milchverarbeitung: große, flache Milchschüsseln aus weichem Zirbelholz, Teller, Butterrollmodeln, aber auch

Wetzsteinkümpfe. Manche künstlerisch veranlagten Bauern verzierten diese zudem mit Schnitzwerk und Kerbschnitt. Auch mit Schnitzereien verzierte Truhen und Kästen stellten manche selbst her. Besonders talentierte Männer schnitzten auch Kruzifixe für den Herrgottswinkel in der Stube und die Feldkreuze sowie Heiligen- und Krippenfiguren. Für die Tradition der Fastnachtspiele entstanden furchterregende Teufels- und Hexenmasken.

Viele Touristen erkannten den Wert der originellen bäuerlichen Schnitzereien und kauften für wenig Geld erste Stücke. Einer der ersten Holzschnitzer, der seine Arbeiten an die Touristen verkaufte, war Hermann Reichegger vom „Matziler". Er hatte eine zwölfköpfige Familie zu ernähren.

Ihr habt ihn ja alle gut gekannt. Ihm saß ständig der Schalk im Nacken und er spielte den Leuten überaus gerne Streiche. Der Streich mit dem 80-prozentigen Strohrum mit all seinen Folgen, den ich als Chef der Sternsinger über mich ergehen lassen musste, wird mir für immer in lebhafter Erinnerung bleiben.

Anlässlich unseres Besuches auf seinem Hof bot er uns jungen Sternsingern nämlich Tee an, in den er eine beträchtliche Menge Rum geschüttet hatte. Als wir armen Sternsinger wieder an der frischen Luft waren, begann der hochprozentige Rum schlagartig seine Wirkung zu entfalten, mit dem Ergebnis, dass wir alle lachend und sturzbetrunken über einen Abhang hinunterkollerten. Der Stern war zerbrochen, die Gewänder waren zerrissen und schmutzig. Der Bauer hatte verschmitzt gelacht.

An diesem Tag hatte ich unser Sternsingen natürlich abbrechen müssen, damit wir alle wieder ausnüchtern konnten.[16]

KLAUS

O ja, an diesen Streich, der dir damals gespielt wurde, lieber Anton, kann ich mich noch lebhaft erinnern.

Ja, das Schnitzerhandwerk war wichtig in unserer Familie. Es trug maßgeblich dazu bei, dass es uns ab den 1960er Jahren wirtschaftlich allmählich besser ging. Später wurde in St. Jakob sogar eine Schnitzschule eingerichtet. Das Ahrntal war damals ein wirtschaftlich schlecht entwickeltes Gebiet. Viele Ahrntaler mussten in den 1960er Jahren ihre Heimat verlassen, um anderswo eine Existenzgrundlage zu finden. Diesem Zustand wollte man entgegenwirken, und so wurde auf Betreiben einiger Landespolitiker im Jahr 1973 besagte Schnitzschule gegründet. Die Anfänge waren sehr einfach. Der einzige verfügbare Raum, das von Pfarrer Karl Engl im Jahr 1935 erbaute **Pfarrschulhäusl**, wurde vom Gerümpel befreit, welches sich darin angcsammelt hatte. Hobelbänke, Werkzeug und Zirbelholz wurden angekauft.

Aus Mangel an ausgebildeten Schnitzlehrern musste man anfangs auf die einheimischen „Künstler“ als Lehrer zurückgreifen.

Voller Elan nahm die Schnitzschule mit 15 einheimischen Schülern aller Altersstufen die Arbeit auf. Lehrmit-

16 Diese Anekdote wird ausführlicher erzählt in: Als noch Kartoffelfeuer brannten. Eine Kindheit im Ahrntal, Athesia 2016

tel waren kaum vorhanden, und so behalf man sich anfangs damit, dass man sich bei den Bauern und in den Kirchen Modelle auslieh und diese dann nachschnitzte. Das waren heilige Floriane, Kruzifixe, Krippenfiguren, Fastnachtsmasken, Wappen und mit Schnitzereien verzierte Truhen. Im Schuljahr 1986/87 zog die Schnitzschule in ein neues, schönes Gebäude neben der Volksschule von St. Jakob um.

Die Ausbildung eines Schnitzers umfasste drei Jahre Vollzeitschule, an welcher die Fächer Freihandzeichnen, Modellieren, Schnitzen, Fachkunde Holz mit Tischlerpraxis und Kunstgeschichte unterrichtet wurden.

In der Schnitzschule wurden in der Zeit ihres Bestehens mehr als 300 Absolventen ausgebildet. Aus ihr sind Restauratoren, Kunsttischler, Maler, Schnitzer, selbständige Bildhauer und auch Künstler hervorgegangen. So manche Schnitzer haben eigene Betriebe gegründet, die allerdings im Laufe der Zeit zum Teil wieder schließen mussten, weil sie manchmal zu wenig Ertrag abwarfen. Die heutigen Touristen haben anscheinend immer weniger Geld zur Verfügung, das sie für originelle Andenken ausgeben könnten. Oder sie kaufen lieber den billigen Industrieramsch, den die Globalisierung auch in unser Tal geschwemmt hat.

Im Jahr 1999 wurde die Schnitzschule nach Bruneck ausgesiedelt, und es schrieben sich leider immer weniger Schüler ein, sodass sie schließlich geschlossen werden musste.

Einige kleine Betriebe leben heute noch von der Holzschnitzerei. Ich denke, dass die Tradition des Schnitzens im Ahrntal sicherlich weiterleben wird.

ANNA

Du sagst zu Recht, Klaus, dass die ersten Lehrer an der Schnitzschule in St. Jakob einheimische „Künstler“ gewesen sind. Könnt ihr euch eigentlich noch daran erinnern, dass man auch Vater im ersten Jahr als Schnitzlehrer angestellt hat? Diese Aufgabe hat ihn immer mit Stolz erfüllt. Zusammen mit dem Kunsttischler Heinrich Eder vom „Bixner“ in St. Jakob überbrückte er das erste Schuljahr. Ab dem zweiten Jahr leitete dann der ausgebildete akademische Bildhauer Jakob Oberhollenzer die Schnitzschule.

Vater nahm den Lehrberuf sehr ernst. Allabendlich machte er sich Gedanken und Notizen. Er schrieb sich gewissenhaft auf, was er seinen Schülern am nächsten Tag beibringen wollte. Übrigens, unter seinen Schülern waren damals alle Altersklassen vom Jugendlichen bis zum Senior vertreten. Vater lehrte sie so elementare Dinge wie das Halten und Schärfen von Schnitzwerkzeugen, das Auswählen der Holzblöcke bis zum Kerbschnitt.

Immer wieder hat er uns zu Hause von den Erlebnissen mit seinen Schülern und aus seinem Schulalltag erzählt. Nur einen Zwischenfall hat er uns verschwiegen, den habe ich von Insidern erfahren. Einmal, an einem kalten Wintertag, machten sich die Schnitzschüler wie auf ein geheimes Kommando auf. Sie verließen geschlossen und wortlos das **Pfarrschulhäusl** und gingen zum nahen Wirt, wo sie sich in gemütlicher Runde einige Gläschen genehmigten.

Vater saß plötzlich alleine da, ganz ohne seine Schüler. All seine pädagogische Autorität war in diesem Moment wohl den Bach hinuntergegangen. Köstlich, wenn ich mir diese Situation vorstelle.

EINE UNTERHALTUNG AUF DER DACHTERRASSE

Es ist ein wunderschöner, strahlender Frühsommertag. Anton hat seine Geschwister in seine Wohnung in Mühlen in Taufers eingeladen. Alle sitzen auf der Dachterrasse an einem Tisch unter dem großen Sonnenschirm. Man trinkt Bier und es gibt Gegrilltes. Anton und seine Frau haben sich mit ihrer Wohnung in Mühlen eine ruhige Wohngegend ausgesucht. Vom Verkehr auf der Hauptstraße ist nichts zu hören, nur das Murmeln und leise Rauschen des Mühlwalder Baches ist zu erahnen. Sie essen, reden und schauen.

Gegen Westen hin öffnet sich das Mühlwalder Tal, gegen Norden hin sieht man ganz in ihrer Nähe den Turm der Mühlener Pfarrkirche in den Himmel ragen und in einiger Entfernung den Turm der Pfarrkirche von Taufers und des Kirchleins des Sandner Ortsteils St. Moritzen. Oberhalb des Ortes Sand in Taufers sind, wie winzige Bauklötzchen über die Hänge verstreut, die Höfe und Häuser des Bergdorfes Ahornach zu erkennen. Darüber thront majestätisch mit seinem spitz zulaufenden Gipfel die Pyramide des knapp über 3000 Meter hohen Moosstocks. „Mein Hausberg", sagt Anton. „In diesem Sommer werde ich ihn endlich besteigen. So nehme ich es mir jedenfalls fest vor."

Überall im Ort Mühlen ragen Baukräne in die Höhe, überall wird gebaut. Man will anscheinend noch besser für die zukünftigen Fremdenverkehrssaisonen gerüstet sein.

Die Touristen und der Brief des Bischofs

ANTON

Seht ihr, wie hier überall eifrig gebaut wird? Wir haben uns ja schon einmal [17] darüber unterhalten, wie die ersten Touristen Unruhe und Aufregung in unser bis dahin beschauliches Dorf brachten. In den 1960er Jahren war es ja noch ziemlich von der Außenwelt abgeschottet und noch zutiefst religiös geprägt. Ja, ich möchte fast sagen, die Situation war bigott und ziemlich weltfremd. Der damalige Pfarrer sah sich als Wächter der guten Sitten, und er war um das Seelenheil seiner ihm anvertrauten Schäfchen äußerst besorgt. Seiner Meinung nach, die er auch in der Kirche immer wieder kundtat, brachte die neue Zeit viele Gefahren und Versuchungen für unser Seelenheil mit sich. Das waren Versuchungen etwa in Gestalt von deutschen Mädchen, die es wagten, in knappen Höschen durch das Dorf zu schweifen oder sich im Bikini am Bachufer zu sonnen. In den Augen des Pfarrers war das, als ob die Hölle ihre Pforten geöffnet und der Teufel die Versuchung und Verführung von der Kette gelassen hätte.

In den 1970er Jahren kam das Fernsehen auf, das endlich ein Stück Welt in die Häuser brachte. Ich kann mich noch gut daran erinnern, wie unsere armen Eltern meinten eingreifen zu müssen, wenn sie Anstand und Sitte in Gefahr sahen.

---

17 Konrad Steger: Als noch Kartoffelfeuer brannten. Eine Kindheit im Ahrntal, Athesia 2016

Vater und Mutter liefen los, um den Fernseher auszuschalten, wenn sich in einem Film ein Paar küsste oder sich gar im Bett wälzte. Ja, sie mussten laufen, um den Ausschaltknopf zu betätigen, denn eine Fernbedienung gab es damals noch nicht. Es war noch eine Zeit, in welcher Sexualität ausschließlich dem Zweck der Fortpflanzung dienen sollte. In den Augen der Kirche sollte das ja heute eigentlich auch noch so sein. Sinnlichkeit, Zuneigung und Zärtlichkeiten zu zweit waren damals noch ein Tabu in der Öffentlichkeit. Das verstieß absolut gegen Anstand und Sitte. Aber es war wie der aussichtslose Kampf Don Quichottes gegen die Windmühlen, denn langsam, langsam siegte auch in unserem Dorf, unserem Tal die moderne Zeit. Die Normalität, möchte ich fast sagen. Unaufhaltsam begannen sich die Schäfchen der rigorosen kirchlichen Kontrolle und Autorität zu entziehen, wie auch die Kinder der elterlichen Bevormundung und Überwachung entglitten. Auch in unserem Tal ist ja zu beobachten, wie die Kirchenstühle allmählich leerer werden. Das ist meiner Meinung nach dem Reformstau innerhalb der katholischen Kirche zuzuschreiben. Manches in der Kirche ist heute ja etwas widersprüchlich und nicht mehr zeitgemäß.

Als wir noch Kinder waren, war der Kirchgang noch selbstverständlich, ja zwingend. Man ging hin, weil es so sein musste, weil es so üblich war und weil es die Eltern und die Dorfgemeinschaft so verlangten. Heute ist das ganz anders geworden. Wie sich die Zeiten doch ändern!

Jetzt fällt mir noch etwas ein. Ihr wisst ja, dass ich mich sehr für die Geschichte unserer Gegend interessiere. Bei meinen

Nachforschungen habe ich neulich im Ahrntaler Gemeindearchiv ein Dokument gefunden, das meiner Meinung nach den vergeblichen Kampf der Kirche gegen die Verlockungen und angeblichen Gefahren der neuen Zeit anschaulich dokumentiert. Es ist ein Brief, der vom damaligen Bischof Josef Gargitter an alle Gemeindeverwaltungen des Landes gerichtet wurde. Er stammt aus dem Jahr 1952. Der Bischof spricht, wie damals im Sprachgebrauch üblich, von sich selbst in der dritten Person. Ich lese euch das Dokument mal vor, und dann würde mich interessieren, was ihr darüber denkt …

An die Herren Bürgermeister der Gemeinden in der Diözese Brixen.

Da ich weiß, daß Sie mit großem Verantwortungsbewußtsein die Pflichten Ihres Amtes erfüllen und auf das Wohl der Bevölkerung Ihrer Gemeinde sehr bedacht sind, sei es mir gestattet, Ihre Aufmerksamkeit auf einen wichtigen Umstand zu lenken, der für den guten Ruf unseres Landes von großer Bedeutung und für die christlichen Wähler, die Ihnen ihr Vertrauen ausgesprochen haben, eine ernste Herzensangelegenheit ist.

Wir haben in den letzten Jahren mit steigender Besorgnis beobachten müssen, daß Fremde und Sommergäste, die in unserer Heimat ihre Erholungszeit verbringen, zum Teil durch sittlich Ärgernis erregendes Benehmen dem Volke argen Schaden bringen. Man musste beobachten, wie manche Fremde die grundlegendsten Forderungen des sittlichen Anstandes außer acht lassen: Auftreten in reduziertem Badekostüm auf öffentlichen Wegen, in den Straßen der Ortschaften, in öffentlichen Lokalen usw. Auch die vielfachen Tanzbelustigungen entsprechen häufig nicht den gesetzlichen Bestimmungen. Es kommen oft Dinge vor, die die betreffenden Fremden zu Hause nie wagen würden, in Szene zu setzen. Dies alles ist, wie wir alle wissen, in ausgesprochenem Gegensatz zu den gesetzlichen Bestimmungen über die Verletzung des Anstandes in der Öffentlichkeit.

Es ist notwendig, daß wir entschlossen und einmütig, aus christlicher Überzeugung heraus gegen solche Auswüchse uns zur Wehr setzen. Die Fremden sind im Lande willkommen, wenn sie unser Volk und dessen sittliches Empfinden achten durch ein anständiges Betragen. Die Fremden müssen aber auch wissen, daß unser Volk nicht bereit ist, die höchsten sittlichen und religiösen Güter preiszugeben.

Ich ersuche Sie dringend, Sie möchten im Rahmen der Ihnen zur Verfügung stehenden Möglichkeiten dafür sorgen, daß die Gesetze, wie es dem Empfinden des Volkes und den Absichten des Gesetzgebers entspricht, auch eingehalten werden. Das Gesetz bietet genügende Handhaben zur Herbeiführung einer sauberen öffentlichen Atmosphäre.

Es grüßt und segnet Sie im Herrn
Josephus Gargitter, Bischof
Brixen, Juni 1952

KLAUS

Anton, da hast du wirklich ein höchst interessantes Dokument ausgegraben! Aus dem Brief des Bischofs ist klar ersichtlich, dass er sich große Sorgen machte, dass seine Schäfchen entgleisen und durch schlechten Einfluss seelisch-moralischen Schiffbruch erleiden könnten. Während du den Brief vorgelesen hast, ist mir so manches in den Sinn gekommen, worin der Bischof Gefahren für das Seelenheil gesehen haben könnte. Er spricht ja von einem „sittlich Ärgernis erregenden Benehmen“ und von „Tanzveranstaltungen, bei denen oft Dinge vorkommen, die die betreffenden Fremden zu Hause nie wagen würden, in Szene zu setzen“. Ich glaube zu wissen, was er damit konkret gemeint haben könnte, auch wenn der Aufruf des Bischofs im Ahrntal erst gute zehn Jahre nach Verfassen des Briefes aktuell zu werden begann.

Dazu ist mir Folgendes eingefallen: Damals, in den 1960er und 1970er Jahren begannen die Vereine in unserem Tal sogenannte „Waldfeste“ zu organisieren. Die Vereine, welche natürlich für das Zusammenleben in den Dörfern eine große Bedeutung hatten und immer noch haben, begannen diese Veranstaltungen als Einnahmequelle zu entdecken, mit der sie ihre Vereinstätigkeit finanzierten. Das war zum Beispiel der „Verschönerungsverein“, so nannte man früher den heutigen Tourismusverein, die Feuerwehr, die Musikkapellen und die Schützen. Sie grillten für das Publikum Hühnchen und Würstchen, schenkten Bier und Spirituosen aus und organisierten sogenannte **Glückstöpfe**. Das waren Lotterien, bei denen man Sachpreise gewinnen konnte.

Bei diesen Waldfesten, welche an lauen Samstag- und Sonntagabenden im Sommer stattfanden, ging es meistens recht zünftig zu. Die Touristen und Einheimischen aßen, tranken und feierten nach Herzenslust. Der Alkohol floss in Strömen, und das beileibe nicht etwa nur bei den Touristen. Auch die Einheimischen sprachen dem Genuss geistiger

Getränke freudig und ausgiebig zu. Ich spreche da aus eigener Erfahrung, denn auch ich habe damals bei den Waldfesten im „Enzwald“ in Steinhaus, mit meinen 17, 18 Jahren, tüchtig mitgefeiert. Es ist nun mal leichter, und das ist eine erprobte Tatsache, mit Menschen in Kontakt zu treten, wenn man einen Schwips hat. Ein Räuschchen hilft ja bekanntermaßen die Berührungsängste und Hemmungen abzubauen. Ich kann mich an sehr vergnügliche Abende mit Touristen und Einheimischen in der sogenannten „Schnapsbude“ erinnern. Die Schnapsbude war eine kleine Holzhütte, die ausschließlich dem Zweck diente, Hochprozentiges an Mann und Frau zu bringen. Natürlich gegen Bezahlung.

Wenn das Fest vorbei war, dachte damals kaum jemand daran, wie er mit seinem Fahrzeug wieder unbeschadet nach Hause kam. In dieser Angelegenheit war man noch ziemlich sorglos. Es gab damals noch keine Shuttles, welche die Beschwipsten hätten heimbringen können. Oder Taxis, die man hätte anrufen können, um sich nach Hause kutschieren zu lassen. Jeder wusste, Alkoholkontrollen durch die Polizei fanden kaum statt, und wenn man einmal mit einem Rausch erwischt wurde, dann waren die Strafen gering. Von Führerscheinentzug war noch keine Rede. Da musste schon sehr viel passieren, dass es dazu kam.

Ich kann mich noch gut daran erinnern, das heißt, die Erinnerung wurde erst am nächsten Tag allmählich wieder wach, wie ich einmal nach einem vergnüglichen Waldfest-Abend mit meinem kleinen Benelli-Motorrad in sehr angeheitertem Zustand nach Hause kurvte. Ja, ich kurvte, ich kurvte im wahrsten Sinne des Wortes. Ich habe dabei die ganze Breite der Straße ausgenutzt. Natürlich gab es damals nur einen Bruchteil des Verkehrs von heute, aber trotzdem war es ein sehr gefährliches, wenn auch für mich sehr lustiges, Abenteuer gewesen.

FRANZISKA

O Gott, Klaus, gefährlich, gefährlich! Du hättest damals am Morgen in einem Alptraum erwachen können. Wie fahrlässig du damals warst! Ich finde das überhaupt nicht lustig. Du hast damals wohl mehr Glück als Verstand gehabt. Alkohol und Fahren, das muss ein absolutes Tabu werden und auch bleiben. Die schrecklichen Unfälle und Tragödien unter Alkoholeinfluss, welche leider auch im Ahrntal immer wieder passieren, sind unverzeihlich. Sie haben schon zu viel Leid über die betroffenen Menschen gebracht. Das darf nicht mehr sein!

ROBERT

Es ist leider so, Alkohol und Straßenverkehr, das war und ist auch heute noch ein großes Problem in Südtirol. Unser Land wird ja überall als Weinland beworben. Bei den vielen Weinverkostungen im Herbst treten auch unsere Politiker fleißig auf, weil sie sich davon einen besonderen Werbeeffekt für unser Land versprechen. Trinken, ab und zu einen Rausch zu haben und dann noch unter Alkoholeinfluss zu fahren, scheint noch immer als eine Art Ritual oder als Kavaliersdelikt angesehen zu werden. Und dann passieren leider immer wieder diese schrecklichen Unfälle. Auch wir im Ahrntal haben das immer wieder leidvoll erfahren müssen.

Zu deinen Erzählungen vorhin, Klaus, möchte ich noch ergänzen, dass diese Waldfeste, so wie du sie beschrieben hast, auch in der Ortschaft Luttach veranstaltet wurden. Das war dort im sogenannten „Moahaus-**Waldile**". Dort gab es Ausschankhütten, eine Schnapsbude und einen Tanzboden. Eine Live-Kapelle trat auf und unterhielt die Gäste mit volkstümlicher Musik und aktuellen Schlagern. Um diese Kapelle finanzieren zu können, haben sich die Veranstalter damals etwas ausgedacht. Sie kamen auf die geniale Idee, von den Tanzwilligen Eintrittsgeld für die Tanzbühne zu verlangen. Diese war von einem hohen Zaun umgeben, und an der einzigen Lücke im Zaun zum Tanzboden hin stand der Kassierer. Drei Tänze kosteten damals 150 Lire, welche der Kavalier berappen musste. Nachdem die drei Tänze abgearbeitet waren, machte die Kapelle eine Pause, und die Tänzer waren gezwungen, die Bühne zu verlassen. Dabei mussten die Kavaliere die vorher erworbenen Tickets abgeben. Für die neue Tanzrunde mussten wieder neue Tickets gekauft werden. Kein Geld, kein Tanz! Wieder 150 Lire für die nächsten drei Tänze. Und weiter ging die lustige Hopserei. Toll war, dass man dabei Mädchen kennenlernen konnte.

Auch in Luttach floss der Alkohol in Strömen. Bei Einheimischen und Gästen gleichermaßen. Wenn dann weit nach Mitternacht die Stunde für die Heimfahrt schlug, torkelte so mancher Gast auf der Suche nach seinem fahrbaren Untersatz herum. Manche brauchten sogar Hilfe beim Einsteigen in ihr Vehikel, die man ihnen auch gnädig gewährte. Man war total sorglos. Kontrollen hatten die Autofahrer damals kaum zu befürchten. Ein Wunder, dass, außer vielen Blechschäden an den Karossen, nie besonders viel passiert ist. Das waren noch Zeiten damals, fast wie im Wilden Westen.

Manchmal kam es unter Alkoholeinfluss auch zu schlimmen Raufereien. Besonders gefürchtet waren die Burschen von auswärts. Meistens waren es junge Männer aus Lappach oder Uttenheim, die immer wieder Stunk und Schlägereien provozierten. Deswegen waren auch jedes Mal ein paar Männer von der freiwilligen Feuerwehr abgestellt, um diese möglichst unter Kontrolle zu halten. Genützt hat es oft nicht viel. Diese Schlägereien waren auch ein Grund dafür, dass die Waldfeste mit der Zeit nicht mehr veranstaltet wurden.

Vom „Sondna Kino“, von Postautos und Kartenzwickern

ANTON

Da ihr gerade von den Unterhaltungsmöglichkeiten von früher erzählt: Vor etwa 50 Jahren hat das sogenannte „Sondna Kino“, das Kino in Sand in Taufers, seine Tore geöffnet.

Der erste Film, den ich in diesem Kino sehen durfte, ich weiß es noch genau, war *Winnetou I.* Ich hatte vorher das Buch von Karl May gelesen, ja verschlungen, und fieberte als acht- oder neunjähriger Junge nun dem großen Ereignis entgegen. Ich wurde nicht enttäuscht. Das Erlebnis war überwältigend für mich. Die riesige Leinwand, die leuchtenden Farben, die sentimentale Filmmusik und die vielen Menschen! Ich litt mit meinen Helden Winnetou und Old Shatterhand und lachte mit dem kauzigen Trapper Sam Hawkens. Ich rutschte vor Spannung und Nervosität im Sessel herum und krallte meine Finger in die Lehne des Sitzes vor mir. Am Ende des Filmes verspürte ich eine grenzenlose Erleichterung und Genugtuung, als der Bösewicht Santer von einer Klippe in den Tod stürzte. Recht geschah ihm, fand ich.

In den nächsten Jahren wurden die Fortsetzungen *Winnetou II* und *III* gezeigt. Ach, wie waren wir alle bestürzt und traurig, als sich der tapfere Apachenkrieger Winnetou, dargestellt vom französischen Schauspieler Pierre Brice, für seinen Blutsbruder Old Shatterhand opferte, indem er die tödliche Kugel mit seinem Körper abfing. Danach verstarb er voller

Tragik in den Armen seines Freundes. Zumindest ein bisschen wurden wir am Ende dadurch getröstet, dass der hinterhältige Mörder Rollins, von Indianerpfeilen gespickt wie ein Igel, sein unrühmliches Ende fand.

Vor einiger Zeit kam ich ganz zufällig mit einer lieben Kollegin auf das Thema „Sondna Kino“ zu sprechen. Sie hat mir einige interessante Geschichten erzählt, die ich noch gar nicht gekannt hatte. Ich gebe sie an euch weiter, und zwar genau so, wie meine Kollegin sie mir erzählt hat.

„In den 1970er Jahren war das „Sondna Kino“ am Wochenende *der* Treffpunkt für die Jugendlichen des Ahrntales. Dabei waren die Filme, die gezeigt wurden, gar nicht so wichtig. Viel wichtiger war, dass man im Kino mit den angesagtesten Jungs des Tales in Kontakt kam. Man hielt Händchen, und manchmal tauschte man sogar, vor allem dann, wenn es besonders dunkel war, auch ein Küsschen aus. Vom Inhalt der Filme hat man deswegen meist nicht viel mitbekommen. Der Inhalt der Geschichten war wirklich nur zweitrangig. Ganz wichtig war, dass man sich nach dem Besuch des Kinos im Café Central traf, das ist das heutige Restaurant Rosmarin, wo man eine Cola mit Zitrone trank und flirtete, was das Zeug hielt. Cola war damals *das* absolute Modegetränk. Coca Cola gab es zu Hause nie, das war damals etwas ganz Besonderes. Ganz wichtig war auch die Jukebox, welche es im Café Central gab. Wer es nicht mehr weiß: Eine Jukebox war ein kastenförmiger Automat, der, wenn man ihn mit genug Münzen fütterte, Musik abspielte. Auf Knopfdruck konnte man die Lieder auswählen. Wir spielten die Hits der 1970er rauf und runter. Riesenhits, ihr kennt sie wahrscheinlich noch, waren damals zum Beispiel: Harpo – *Moviestar,* Queen – *We Are The Champions,* Boney M. – *Daddy Cool,* AC/DC – *Highway To Hell,* ABBA – *Waterloo,* Umberto Tozzi – *Tu,* Status Quo – *Rockin' All Over The World,* Boney M. – *Rivers Of Babylon,* und so weiter und so fort. Deutschsprachige Lieder interessierten mich damals nicht die Bohne. Das galt als altmodisch.

Vor der Fahrt ins „Sondna Kino" habe ich mich immer stark geschminkt. Die Wangen, die Augenlider, die Fingernägel wurden lackiert, bis einmal ein Junge zu mir gesagt hat: „Du würdest mir schon sehr gefallen, wenn du dich nur nicht so stark schminken würdest." Das habe ich mir so sehr zu Herzen genommen, dass ich mich seitdem nie wieder geschminkt habe.

Im Café Central habe ich damals, jetzt völlig ungeschminkt, bei einem Flirt meinen späteren Mann kennengelernt. Ich scheine ihm auch ohne Schminke gefallen zu haben."

So weit die Erzählung meiner lieben Kollegin.

Ins „Sondna Kino" fuhr man mit dem Linienbus. Der wurde damals „Postauto" genannt, weil er auch die Postsäcke befördert hat. Von älteren Leuten werden die Linienbusse übrigens noch heute „Postautos" genannt. Ich habe auch erzählen hören, dass sich die Abfahrtszeiten der Busse nach den Beginnzeiten des „Sondna Kinos" gerichtet haben sollen. Das sagt eigentlich alles über die Wichtigkeit dieses Lichtspielhauses aus, in einer noch weitgehend fernsehlosen Zeit in den 1960er Jahren.

Zu dieser Zeit gab es noch keinen Südtirol-Pass und kein elektronisches Bezahlsystem. Man stieg einfach in den Bus ein und wartete auf den **Kartenzwicker**, der dann zum Kassieren vorbeikam. Das nenne ich einen guten, kundenfreundlichen Service! **Kartenzwicker** war damals noch ein eigener Beruf, der später der Einsparung und der Digitalisierung zum Opfer gefallen ist. Er, der Zwicker, war immer männlich, händigte einem ein kleines rechteckiges Kartonkärtchen aus, in das er zuerst mit einer speziellen Zange ein Loch gezwickt hatte. Davon kommt auch die wenig schmeichelhafte, ja etwas abwertende Berufsbezeichnung **Kartenzwicker**. Das Wechselgeld trug der **Kartenzwicker** in einem Behälter, der aus fünf oder sechs Glasröhrchen bestand, vor der Brust. In die Glasröhrchen waren die verschiedenen Lire-Münzen eingefüllt, die er, je nach Bedarf, als Wechselgeld herausdrücken konnte.

Übrigens: Das „Sondna Kino“ wurde 1998 leider endgültig geschlossen, nachdem es fast 30 Jahre lang die Ahrntaler Bevölkerung, vor allem die damaligen Jugendlichen, unterhalten hatte.

ANNA

Anton, zu deinen Erzählungen zum Thema „Sondna Kino“ ist mir noch etwas eingefallen.

Könnt ihr euch noch an den legendären Schlager von Michael Holm mit dem Titel *Mendocino* erinnern? Eine Strophe dieser sentimentalen Schnulze lautete folgendermaßen:

„Mendocino, Mendocino,
Ich fahre jeden Tag nach Mendocino.
An jeder Tür klopfe ich an,
doch keiner kennt mein Girl in Mendocino.“

Damals haben wir den Text dieses Songs öfters folgendermaßen abgewandelt und lauthals gesungen. Auch im „Postauto", auf der Fahrt ins Kino.

„Sondna Kino, Sondna Kino,
ich fahre jeden Tag ins Sondna Kino.
An jeder Tür klopfe ich an,
doch keiner kennt mein Girl
vom Sondna Kino.
Sondna Kino, Sondna Kino …"

Mein Gott, war das schön!

Ich habe auch erzählen hören, dass der Betreiber des Kinos, Max Pörnbacher, die deutschsprachigen Filme, welche er vorführte, natürlich im italienischsprachigen Raum nicht ausleihen konnte. Er war jedes Mal gezwungen, sie mit seinem Auto auf abenteuerliche Art und Weise über den Brenner zu schmuggeln.

Wie sich die Zeiten doch ändern. Unsere Vorfahren haben, um sich einen kleinen Nebenverdienst zu sichern, noch Saccharin, Wein, Salz und Tabak über die Grenze geschmuggelt. In den 1960er Jahren schmuggelten einige Ahrntaler also deutsche Spielfilme.

Erinnert ihr euch noch an Heintje, den singenden niederländischen Jungen? Der war damals ganz groß in Mode und im Geschäft. Ich habe damals im „Sondna Kino" den Film *Ein Herz geht auf Reisen* gesehen, in welchem der damalige Kinderstar Heintje die Hauptrolle spielte. Danach gab es eine ganze Serie von Heintje-Filmen. Die Handlung dieser Streifen war sehr einfach gestrickt, mit ein bisschen Humor gewürzt und ziemlich wirklichkeitsfern. In *Ein Herz geht auf Reisen* wird ein von seiner Tante vernachlässigter Waisenjunge in ein Kinderheim gesteckt. Dort reißt er aus, wird von Schmugglern für ihre Zwecke eingespannt und von der Polizei gesucht. Endlich wird er von einer Jugendfürsorgerin gefunden und natürlich gibt es ein Happy End. Ein reicher, liebesbedürftiger Reitstallbesitzer heiratet schließlich die schmachtende Dame und adoptiert den Jungen gleich mit. In die Handlung eingebettet sang der Kinderstar Heintje mit seiner glasklaren, glockenhellen Stimme immer wieder sentimentale, herzzerreißende Lieder, die einen vor Rührung fast vergehen ließen. Die Lieder sind, so glaube ich, teilweise heute noch bekannt, zumindest bei der etwas älteren Generation. Es waren Lieder wie *Ich sing ein Lied für dich, Mamatschi, Der Mond ist aufgegangen* oder *Heidschi Bumbeidschi.*

FRANZISKA

Anna, auch mir ist noch allerhand zum Thema „Sondna Kino“ und den damaligen Unterhaltungsmöglichkeiten für die jungen Leute eingefallen.

Auch in Luttach gab es ab den 1960er Jahren eine Jukebox in der Bar „Edelweiß“, auf der man die aktuellsten Singles abspielen konnte. Diese brachte ein Vertreter aus Bozen im wöchentlichen Rhythmus. Zu den Musikstücken konnte auch getanzt werden. In der Bar „Edelweiß“, von den Einheimischen wurde sie „Maschtlbar“ genannt, stand auch ein **Calcetto**-Tisch. Dieser war ständig von Jugendlichen umlagert. Sogar **Calcetto**-Turniere wurden veranstaltet. Im Sommer stand in der „Maschtlbar“ ein

Eiskasten, wo man verpacktes Eis kaufen konnte. Eine Sensation damals!

Beim Gasthof „**Oberstock**" in Luttach gab es eine der ersten Tavernen des Tales. Der Kellner musste neben seiner Bedienungstätigkeit auch den Discjockey geben, indem er einen Plattenspieler bediente, der mit zehn Schallplatten zugleich geladen werden konnte. Dieser spielte dann der Reihe nach die Platten automatisch ab.

In den 1960er Jahren öffneten auch die ersten Pizzerien im Ahrntal ihre Tore. In St. Jakob wurde die Pizzeria Kreuzwirt zu einem beliebten Treffpunkt für uns damalige Jugendliche. Nach dem Genuss einer Pizza und einer Cola brachen wir anschließend gern zu den neu eröffneten Diskotheken nach Sand in Taufers auf, in den „Pik Klub" und ins „Sportcenter". Dort konnten wir uns getrost ins wilde Getümmel auf der Tanzbühne stürzen. Das waren damals unerhört neue und attraktive Möglichkeiten der Unterhaltung für uns junge Leute.

Noch eine Anmerkung zur Pizza. Diese kulinarische Neuheit wurde von gar manchem Erwachsenen damals oft noch misstrauisch beäugt und als „wallischis Breatl"[18] diffamiert und boykottiert. Man weiß ja, was der Bauer nicht kennt, frisst er nicht.

18 Italienisches Brötchen, gemeint ist die Pizza.

Ein Radio namens „Freie Welle“

ANTON

Ich habe vorhin Max Pörnbacher als Pionier des „Sondna Kinos“ erwähnt. Dieser umtriebige Mann war auch einer der Gründer des damals sehr beliebten Radiosenders „Freie Welle Pustertal“. Ihr könnt euch sicher noch an diesen Sender erinnern. Dieses Privatradio nahm bereits im Jahr 1977 seinen Betrieb auf und war eine der ersten und beliebtesten Radiostationen in Südtirol. Die „Freie Welle“ hatte ihr Studio eine Zeit lang in einem Gebäude im Zentrum von Sand in Taufers. Dort, wo heute das Verkehrsbüro und die Alpinschule untergebracht sind. Der Sender spielte vor allem deutsche Schlager, aber auch Rock, Pop und Countrymusik. Auch klassische Musik stand ab und zu auf dem Programm. Wir Jugendlichen entdeckten dieses Radio sehr schnell als Alternative zum, zumindest in unseren Augen, behäbigen, etwas altbackenen „Sender Bozen“, von dem wir gar keine gute Meinung hatten. Nicht einmal dem Wetterbericht dieses Senders mochten wir Glauben schenken. „Nur der Schweizer Sender versteht etwas vom Wetter“, sagte man damals.

Die „Freie Welle“ war für uns die Stimme der modernen Zeit. Besonders beliebt bei uns Jugendlichen waren die Musik-Wunschsendungen an den Nachmittagen, die von einigen frischen, schwungvollen Moderatoren gestaltet wurden. Da war einmal der professionelle Robert und dann John, welcher sich stets mit einem „Tschüss/chen von Tschonn“ von seinem

Publikum verabschiedete. Unvergessen bleibt natürlich die keck-fröhliche Adele, der Schwarm aller männlichen Jugendlichen. „Sie sieht wirklich so scharf aus wie ihre Stimme es verspricht", hieß es allenthalben. Auch Toni, unser allzu früh verstorbener Cousin, hat eine Zeit lang diese Live-Musiksendungen moderiert.

Mangels SMS oder WhatsApp schickte man eine Postkarte an den Sender, auf der man vermerkte, wen der Moderator alles grüßen sollte und mit welchem Musikstück. Eine Weile kam es dann in Mode, dass man seine Freunde und Kollegen damit aufzog, dass man die Karte unter falschem Namen schrieb und seinen angeblichen Schwarm mit einem Musikstück grüßen ließ. Mir ist es einmal passiert, dass mich aus heiterem Himmel ein Mädchen aus meinem Bekanntenkreis grüßte. Sie widmete mir den damals sehr angesagten Song des, leider immer noch aktiven, Schnulzensängers Jürgen Drews mit dem Titel *Ein Bett im Kornfeld.* Das war natürlich höchst peinlich, zumal das betreffende Mädchen später im Beisein meiner Freunde mir gegenüber ziemlich harsch ein für alle Mal klarstellte: „Dass dus la wuasch, i bin des NET giwesn mit do Frein Welle."[19] Das war das Ende all meiner Träume. Ihr seht also, diese Art von „Radiomobbing" und die Verbreitung von Fake News gab es schon vor 50 Jahren. Heute ist diese Art des Bloßstellens in den sozialen Medien ja zu einer richtigen Plage geworden.

19 Damit du es weißt, ich war das NICHT mit der Freien Welle!

KLAUS

Noch ein Nachtrag zu den Privat-Radiosendern in Südtirol und im Tauferer-Ahrntal. In den 1980er und 1990er Jahren ist der Berggipfel des 3369 Meter hohen Schwarzenstein in den Zillertaler Alpen, oberhalb von St. Johann im Ahrntal und Luttach, immer wieder in die Schlagzeilen geraten. Ihr werdet euch sicher daran erinnern können. Am Schwarzenstein herrschte damals Goldgräberstimmung. Es wurde nämlich mehr oder weniger legal ein Rundfunksender für einige private Radiostationen errichtet, der, neben Südtirol auch Nordtirol, Salzburg, Oberösterreich und Südbayern erreichen und mit Werbung berieseln sollte. Was folgte, war ein zehnjähriger zäher Kampf um diese Sendestation. Immer wieder kam es zu Einstellungs- und Abbruchverfügungen, zu Rekursen vor Gericht, aber auch zu Brandanschlägen und ähnlichen Sabotageakten. Beim Betanken der Anlage durch einen Hubschrauber stürzten gar einmal einige Dieselölfässer auf den Gletscher und zerbarsten, was zu erheblichen Verschmutzungen des Schwarzenstein-Gletschers geführt hat. Anschließend versuchte man, die Sauerei wieder aufzuräumen, was aber nur teilweise gelang. Im Jahr 1993 musste der Betreiber der Sendestation schließlich endgültig aufgeben. Die Anlage wurde abgebaut und per Hubschrauber ins Tal transportiert. Gott sei Dank, kann ich da nur sagen.

NEUJAHR

Es ist Anfang Januar. Die fünf Geschwister sind in der Ortschaft Pfalzen bei Bruneck zu Besuch. Klaus hat sich dort mit seiner Frau und den drei Mädchen niedergelassen.

Er hat Geburtstag und das neue Jahr hat gerade begonnen. Das ist ein guter Anlass zum Gratulieren und dafür, einander Glück und Gesundheit für das neue Jahr zu wünschen.

Die Vier klingeln an der Eingangstür der Wohnung von Klaus, und als er aufmacht, rufen sie zu seiner Überraschung und Freude den Neujahrswunsch aus ihrer Kindheit:

„Wio winschn enk a glickseligis, freidnreichis nois Jouh,
Glick und Sèign s gonze Jouh.“[20]

Als sie noch Kinder waren, war dieses **Neujahrschreien** jahrelang einer der Höhepunkte in ihrem jungen Leben gewesen. Schon in aller Frühe waren sie am Neujahrstag losgezogen und hatten die Höfe und Häuser des Dorfes besucht. Am Haustor hatten sie den Neujahrswunsch gerufen und dafür von den Bewohnern kleine Geschenke bekommen: Orangen, Mandarinen, Nüsse, eine Süßigkeit und ganz selten wurde ein kleines Geldstück in ihre umgehängten Stoffsäcke gesteckt. Sie zogen von Haus zu Haus, von Ort zu Ort. So ging es den ganzen Tag. Zwei, drei Mal mussten sie nach Hause zurückkehren, um ihre schweren Säcke auszuleeren. Am Abend hatten sie ihre Schätze, die ihre Kinderherzen höher schlagen ließen, gesichtet, gezählt und sortiert. Die

20 Wir wünschen euch ein glückseliges, freudenreiches neues Jahr, Glück und Segen das ganze Jahr!

Kostbarkeiten reichten oft lange ins neue Jahr hinein, je nachdem, wie gut man sparte.

„Geht ihr eigentlich noch zum **Neujahrschreien?**“, fragt Anton die zwei Jüngsten. Sie erzählen, dass sie nur noch wenige Häuser besuchen und dass nur noch wenige Kinder im Dorf diesen Brauch ausüben würden.

„Ja, so ändern sich die Zeiten. Als wir noch Kinder waren, fieberten wir dem Neujahrstag und dem **Neujahrschreien** schon wochenlang im Voraus entgegen“, stellt Franziska nüchtern fest. „Eine Süßigkeit oder auch ein kleiner Geldbetrag ist heute nichts Besonderes mehr.“

„Die Zeiten ändern sich und mit ihnen die Menschen, so ist das eben und so war es immer schon“, meint Robert. „Wir haben uns im Laufe der Jahre ja auch verändert.“ „Manche Menschen scheinen sich allerdings nur wenig zu verändern“, wendet Anna ein und beginnt zu erzählen.

Charakterstudien

ANNA

Neulich bin ich in Innsbruck einem mir von früher bekannten Ahrntaler begegnet. Dieser besagte Herr scheint sich überhaupt nicht verändert zu haben. Im Gespräch mit ihm ist mir bewusst geworden, welch besonderer Menschenschlag der Südtiroler und im Speziellen der Ahrntaler ist. Ich möchte im Folgenden versuchen, diesen eigenwilligen Menschenschlag ein bisschen zu beschreiben und zu charakterisieren. Mal sehen, ob ihr damit einverstanden seid.

Wenn man davon ausgeht, dass die Umgebung und die Beschaffenheit der Landschaft die dort lebenden Menschen prägt und ihr Wesen, Denken und Handeln beeinflusst, dann hat die raue Ahrntaler Landschaft und Natur einen ganz besonderen Menschenschlag hervorgebracht. Natürlich ist der Charakter eines jeden Menschen einzigartig und individuell, aber ich denke, dass in einer bestimmten Gegend bestimmte Verhaltensweisen, Gewohnheiten und charakterliche Eigenheiten typisch sind.

Der Ahrntaler ist im Allgemeinen sehr heimatverbunden. Sein Geburtsdorf scheint ihm sehr viel zu bedeuten. Er verlässt seine Heimat nur aus Arbeitsgründen oder der Liebe wegen. Dann allerdings nur sehr widerwillig und nur, wenn es die Umstände unbedingt erforderlich machen. Wenn Ahrntaler ihre Heimat verlassen müssen, kehren nicht wenige von ihnen im Alter wieder in ihr Tal zurück. Aber das gilt wahrscheinlich nicht nur für die Ahrntaler, sondern für alle Südtiroler.

Der Ahrntaler ist in der Regel humorvoll. Er neckt sein Gegenüber gerne, und sein Reden und Handeln ist von einer verbrüdernden Vertrauensseligkeit und einer augenzwinkernden Verschmitztheit geprägt. Nicht-Ahrntaler können diesen besonderen, sehr trockenen Humor und Charme sicher nicht immer leicht verstehen, denn man darf nicht alles für bare Münze nehmen, was der Ahrntaler von sich gibt. Er ist witzig und ironisch, und sein Humor kommt im ersten Moment, von außen betrachtet, vielleicht manchmal etwas grob herüber. Obwohl der Ahrntaler Unbekanntem und Fremdem nicht so schnell vertraut und er anfangs die Dinge distanziert und zurückhaltend betrachtet, lässt er es sich trotzdem nicht nehmen, jeden Unbekannten und Fremden mit einem vertrauensseligen „Du" anzureden.

In diesem Zusammenhang fällt mir eine kleine Geschichte ein, die sich in einem Ahrntaler Gasthaus abgespielt haben soll. Anlässlich einer Preisverleihung stellt sich der Präsident des Ahrntaler Skiclubs einem hohen F.I.S.I.-Verantwortlichen, der ihm die Hand gereicht hat, folgendermaßen vor: „I bin do Präsident dou, bisch du a öppans Bessas? "[21] Die F.I.S.I. ist übrigens der nationale Wintersportverband.

An einem anderen Abend soll der besagte Präsident bei der Preisverleihung nach einem Skirennen folgenden Spruch zum Besten gegeben haben, der für einige Verwunderung

21 Ich bin hier der Präsident, bist du auch etwas Besseres?

gesorgt haben soll: „Die Siega van heitign Renn weng heit nö im Goschthaus Neuwiischt augiheng. “[22]

Ich merke es selber, ich komme etwas vom Thema ab. Zurück zu meinen Charakterbeschreibungen. Hat jemand das Vertrauen des Ahrntalers einmal gewonnen, so ist er ihm forthin treu, und er ist bereit, für ihn durch dick und dünn, ja durchs Feuer zu gehen.

Der Ahrntaler lacht und feiert gerne, und er trinkt auch mal gern einen über den Durst. Und wenn dem so ist, dann kennt seine Anhänglichkeit oft keine Grenzen mehr.

Er ist sehr kreativ und kunstsinnig, wie die vielen Künstler und die anderen kreativen Menschen beweisen, welche das Ahrntal hervorgebracht hat.

Eins noch: Wenn sich der Ahrntaler ungerecht behandelt fühlt, dann wehrt er sich mit aller Vehemenz gegen das Unrecht oder eine vermeintlich ungerechte Behandlung. Er kann auch sehr nachtragend sein. Gerne teilt er verbal aus, versteht selbst aber augenzwinkernde Ironie nur selten, oder er will sie nicht verstehen. Er fühlt sich schnell verletzt und angegriffen.

ANTON

Anna, mit deiner letzten Behauptung bin ich voll einverstanden. Ja, der Ahrntaler, aber auch der Pusterer wehrt sich heftig und pocht auf sein Recht, wenn er sich ungerecht behandelt fühlt. So manche Protest-

22 Die Sieger des heutigen Rennens werden heute noch im Gasthaus Neuwirt aufgehängt. (Es versteht sich von selbst, dass der Präsident eigentlich die Verlesung der Namen der Sieger gemeint hat.)

aktion gegen einen Missstand oder eine Ungerechtigkeit geht auch heute noch oft vom Tauferer-Ahrntal oder vom Pustertal aus.

Das war immer schon der Fall, und jetzt möchte ich euch ein Beispiel aus der Geschichte unseres Tales erzählen. Ihr kennt ja meine Vorliebe für Geschichte.

Die Pusterer und die Ahrntaler waren immer schon als stürmische und rauflustige Charaktere bekannt, besonders die Ahrner waren öfters nicht abgeneigt, sich mit Gewalt Recht zu verschaffen. Mein Beispiel reicht einige Jahrhunderte weit in unsere Geschichte zurück.

Die Lage der Bauern in Tirol war im 16. Jahrhundert besonders schlecht. Zudem suchten Seuchen und Naturkatastrophen die Menschen heim. Ihre Klagen richteten sich vor allem gegen die hohen Abgaben und Steuern, gegen die Sonderrechte des Adels und der Geistlichen und gegen die hohen Abgaben und **Stolgebühren**. Darunter versteht man die Pfarrgebühren, welche für kirchliche Zeremonien und Leistungen, zum Beispiel bei einer Taufe, einer Trauung, einem Begräbnis oder bei urkundlichen Bezeugungen an die Geistlichen und deren Helfer zu bezahlen waren.

Aus Quellen des Jahres 1523 erfahren wir von einem Bartlmä Duregger vom gleichnamigen Hof in St. Peter in Ahrn, welcher „öffentlichen Frevel und Rumor“ beging. So heißt es in den Schriften. Daraufhin wurde er gefangen genommen und nach Bruneck überführt. Auf dem Weg dorthin entkam er beim Dorf Stegen und konnte nicht mehr eingefangen werden. Nun ließ er aus seinem Versteck heraus einen Drohbrief anschlagen, dass er die Stadt Bruneck mit Mord und Brand heimsuchen werde, wenn man ihn nicht in Frieden lassen würde. Er zog wieder ins Ahrntal zurück und versammelte dort 26 unzufriedene Knechte, darunter zwölf „Bixenschützen". Das waren wahrscheinlich Wilderer. Später tat er sich sogar mit seinem bekannteren Zeitgenossen, dem Antholzer Bauernführer und Aufrührer Peter Paßler, zusammen. Dessen Vater war bischöflicher Aufseher für die Fischerei in Antholz gewesen. Der neue Bischof von Brixen, Sebastian Sprenz, setzte ihn aber ab. Paßler versuchte, zunächst auf friedliche Weise, dieses in der Familie erblich gewordene Amt zurückzuerhalten. Als ihm das nicht gelang, wollte er sich mit Gewalt Recht verschaffen. Er schrieb einen sogenannten „Ansagebrief" an den Bischof. Das war eine Art Fehdebrief, der einen Kampf auf Leben und Tod bedeutete. Er sammelte wie Bartlmä Duregger Unzufriedene um sich. Daraufhin zogen sie gemeinsam in Taufers und in Ahrn umher und raubten und plünderten. Trotzdem sollen die Aufrührer in der Bevölkerung große Sympathien genossen haben. Die Obrigkeit spürte ihnen natürlich nach. Aber sie wehrten sich, und bei einem Gefecht im September 1524 gegen mehr als 600 bischöfliche Söldner soll Paßler verwundet worden sein. Man konnte die Aufständischen aber nicht besiegen. Lorenz Preitenauer, der damalige Richter in Taufers, ließ daraufhin einige Bauern, die den Rebellen Schutz und Unterkunft gewährt hatten, gefangen nehmen und auf das Schloss führen. Die Aufständischen jedoch plünderten im Tal weiter. Unter der Führung von Peter Weißenbach und Nikolaus Steinpent raubten sie den damaligen Pfarrer in Ahrn, Andreas Spat aus, obwohl er „ein frommer, keuscher und mit allen Tugenden begabter Mann war“, wie damalige Quellen schreiben. Doch das nützte ihm herzlich wenig.

Am 12. September 1524 konnte Peter Paßler und wahrscheinlich auch sein Unterführer Bartlmä Duregger mit anderen Bauern gefangen genommen und nach Brixen gebracht werden. Als man Paßler am 9. Mai 1525 hinrichten wollte, befreite ihn eine Rotte von aufständischen Bauern. Der Bauernaufstand in Tirol entbrannte nun unter ihrem berühmten Anführer Michael Gaismair in aller Heftigkeit.

Über das weitere Schicksal des Ahrntaler Rebellen Bartlmä Duregger erfahren wir aber leider nichts mehr.

Ich denke noch an eine weitere interessante Quelle, die sich mit dem Charakter des Ahrntalers befasst.

Ich sehe, da steht das Ahrner Gemeindebuch bei dir, Klaus. Leih es mir einen Moment, darin ist nämlich der besagte Text abgedruckt. Christoph von Elzenbaum, der aus dem Südtiroler Unterland kam und über 30 Jahre lang Pfarrer von Ahrn war, verfasste 1842 eine Chronik mit dem Titel: *Beschreibung des Thales Ahrn und der Bewohner desselben.* Darin versuchte er, auch den „Charakter des Volkes“, also des durchschnittlichen Ahrntalers, zu beschreiben. Ich lese euch den Text vor:

Die Bewohner des Tales sind im Durchschnitte von mittelmäßiger Größe und stark untersetzt, besonders fest auf den Füßen, wozu das Bergsteigen und harte Tragen vieles beiträgt. Sie sind gröberen Schrottes, zu dem auch die hie und da noch gebräuchlichen grau lodenen Joppen und Hosen das Ansehen geben, und das sich in dem groben Ausdrucke: du sei die Person, wer sie wolle ausdrückt. Die Weibsbilder, äußerlich besser, aber auch üppiger gekleidet, können nur dem wollüstigen Auge gefallen, weil keine eigentliche Schönheit an ihnen anzutreffen ist. Auch sieht man manche mit großen Kröpfen belastet und Lappen-Taubstumme, doch nicht in großer Zahl. Desto mehr findet man ältere gehörlose Leute, die den Mißbrauch haben, auf den Wegen, auch wenn sie gewarnt werden, einem kommenden Fuhrwerke nicht auszustellen. Wie das Element des Tales, der oft wehende Nordwind, rauch ist, so auch der Charakter des Volkes. Die vielen Schmalzspeisen machen dasselbe zur Weichlichkeit und Unreinigkeit sehr hinneigend. Der Sommeraufenthalt in den Alpen ohne Aussicht der Älteren, der Umgang alldort mit den notorisch noch schlechteren Zillertalern und freisinnigen Pinzgauern, übt einen sehr verderblichen Einfluß auf die heranwachsenden Kinder und Jünglinge aus, so daß sie oft am Herbste ebenso verwildert und schmutzig an der Seele zurückkehren, wie ihr schwarzes, rußiges Hemd aussieht. In den meistenteils schlecht gebauten Häusern ist viele Unreinigkeit anzutreffen, am meisten aber am weißen Gewande und in den Liegstätten, welche oft wahre Hundsnester sind. Die verkehrte Art zu waschen, indem die Wäsche samt der Asche, ohne davon vorher eine reine Lauge zubereitet zu haben, in einem Kessel gesotten wird, ist wahrscheinlich die Ursache.

Das Klaffen und nächtliche Gasseln – beide sehr stark im Schwunge – sind zwei Klippen, an denen so manche unschuldige Tochter Schiffbruch leidet, so wie das unmäßige Trinken und alles Versaufen die schändliche Gewohnheit so mancher lediger und verheirateter Mannsbilder ist. Im Durchschnitte ist die Sittlichkeit unter den ansässigen Bauernsleuten auf dem Berge besser als in der Tiefe und an der Straße, wo viele Hütten sind, in denen sich faule Weibsbilder aufhalten und ihren Unterhalt lüderlich und arm genug mit Spitzenklöppelei sich erwerben.

Etwas spät erwacht erst der Verstand bei der Jugend, und sehr selten ist ein gutes Talent dabei zu finden; doch später ist ein gesunder Menschenverstand und richtige Beurteilungskraft bei vielen anzutreffen, besonders im Handel und Wandel zeigt der Ahrner viele Gewandtheit und Umsicht. Nicht leicht bestimmt er sogleich den Preis seines Butters und seiner Käse, seiner Kühe und Schafe. Er wartet, bis durch Zusammenfluß mehrerer Käufer oder anderer Umstände die Preise in die Höhe getrieben werden.

So hat Pfarrer Christoph von Elzenbaum den Ahrntaler charakterisiert. Ich denke, oft nicht ganz schmeichelhaft. Was sagt ihr dazu?

ANNA

Nun ja, zum Thema Reinlichkeit und Sauberkeit möchte ich Folgendes anmerken: Ich denke, dass sich der Ahrntaler von heute wohl statistisch genauso oft wäscht und inzwischen auch duscht, wie der durchschnittliche Südtiroler. Und auch eine Waschmaschine besitzen wir alle inzwischen, so dass wir nicht mehr in die Gefahr geraten, „verkehrt" zu waschen. Bei seiner Charakterisierung der Ahrntaler Frauen hatte dieser Herr Pfarrer von Elzenbaum wohl Tomaten auf den Augen. Oder sagen wir besser, Kartoffeln. Tomaten kannte der Ahrntaler des 19. Jahrhunderts höchstwahrscheinlich noch nicht. Er fällt meiner Meinung nach ein sehr hartes Urteil über die Charaktereigenschaften der damaligen Bewohner unseres Tales. Wenn er behauptet, dass er unter ihren Frauen keine Schönheit entdecken kann, finde ich das schlichtweg eine Frechheit. Als Pfarrer versteht er ja auch rein gar nichts von dieser Materie. Es ist eine Meinung, die ich überhaupt nicht teilen kann. Es gibt, und es gab wahrscheinlich schon immer, sehr schöne Frauen im Ahrntal.

Wohl aber kann ich bestätigen, wie geschäftstüchtig und arbeitsam der Ahrntaler ist. Man braucht sich nur die schönen, tipptopp erhaltenen Häuser, die gepflegte Landschaft und den blühenden Tourismus anzuschauen. Ich staune immer wieder darüber, wenn ich nach Südtirol und ins Ahrntal komme.

KLAUS

Anton, während du den Quellentext über den Charakter des Ahrntalers vorgelesen hast, sind mir die Reisebeschreibungen des großen deutschen Dichters und Lästermauls Heinrich Heine in den Sinn gekommen. Heine hat sie 1830 veröffentlicht und beschreibt darin auch die damaligen Tiroler. Gewiss hat er auch die Pustertaler und Ahrntaler gemeint. Ob Pfarrer von Elzenbaum den Text von Heine, welcher zwölf Jahre vorher erschienen ist, gekannt hat? Der Pfarrer war ganz sicher ein kultivierter, belesener Mann, und er könnte deshalb die Texte Heines gekannt und gelesen haben. Durch diese Lektüre könnte Christoph von Elzenbaum beeinflusst und zur Beschreibung des Ahrntaler Charakters motiviert worden sein. Aber das ist nur meine Theorie. Die zwei Texte sind ähnlich ironisch, bissig, wenig schmeichelhaft und von einer entwaffnenden Schonungslosigkeit. Gewisse Bemerkungen, die Heine über den Tiroler Charakter macht, erscheinen mir auch heute noch ziemlich treffend und aktuell. Während du, Anton, die Beschreibung der Ahrntaler durch Pfarrer von Elzenbaum vorgelesen hast, habe ich im Internet Heines Text über die Charakterisierung der Tiroler in seinen *Reisebildern* gefunden. Ich lese euch einen Ausschnitt daraus vor:

Die Tiroler sind schön, heiter, ehrlich, brav und von unergründlicher Geistesbeschränktheit. Sie sind eine gesunde Menschenrasse, vielleicht weil sie zu dumm sind, um krank sein zu können. Auch eine edle Rasse möchte ich sie nennen, weil sie sich in ihren Nahrungsmitteln sehr wählig und in ihren Gewöhnungen sehr reinlich zeigen; nur fehlt ihnen ganz und gar das Gefühl von der Würde der Persönlichkeit. Der Tiroler hat eine Sorte von lächelndem humoristischen Servilismus, der fast eine ironische Färbung trägt, aber doch grundehrlich gemeint ist. Die Frauenzimmer in Tirol begrüßen dich so zuvorkommend freundlich, die Männer drücken dir so derb die Hand, und gebärden sich dabei so putzig herzlich, daß du fast glauben solltest, sie behandelten dich wie einen nahen Verwandten, wenigstens wie ihresgleichen; aber weit gefehlt, sie verlieren dabei nie aus dem Gedächtnis, daß sie nur gemeine Leute sind, und daß du ein vornehmer Herr bist, der es gewiß gern sieht, wenn gemeine Leute ohne Blödigkeit sich zu ihm herauflassen. Und darin haben sie einen naturrichtigen Instinkt; die starrsten Aristokraten sind froh, wenn sie Gelegenheit finden zur Herablassung, denn dadurch eben fühlen sie, wie hoch sie gestellt sind. Zu Hause üben die Tiroler diesen Servilismus gratis, in der Fremde suchen sie auch noch dadurch zu lukrieren. Sie geben ihre Persönlichkeit preis, ihre Nationalität.

So weit Heines Text. Noch ein paar Anmerkungen von mir dazu. Ich denke, auch der Ahrntaler legt gegenüber tatsächlichen oder eingebildeten Autoritäten einen ziemlichen Servilismus an den Tag. Dieses Verhalten habe ich öfters beobachtet, besonders dann, wenn er sich einen Vorteil davon verspricht. Wenn ihm etwas zum Vorteil gereichen könnte, wirft er dafür auch schon mal seine Prinzipien über Bord.

Was sagt ihr zu Heines Text?

FRANZISKA

Lieber Klaus, den Text von Heinrich Heine über den Charakter der Tiroler finde sehr amüsant und interessant. Vieles davon mag auch heute noch stimmen. Aber wenn du sagst, der Ahrntaler sei Autoritäten und sogenannten „besseren Leuten" gegenüber besonders servil, wenn er sich einen Vorteil davon verspricht, kann ich nur sagen, dass man diese Verhaltensweise sicherlich überall beobachten kann. Ein solches Verhalten scheint mir eine allgemeine menschliche Schwäche zu sein, und diese Schwäche ist nichts Ahrntal- oder Pustertal-Spezifisches. Das Gleiche gilt auch für das Nachtragend-Sein. Nachtragende Leute gibt es überall und leider auch genug Menschen, die keinen Spaß, keine Ironie und keinen Witz zu verstehen scheinen.

Noch etwas. Pfarrer von Elzenbaum erwähnt in seiner Beschreibung über die Ahrntaler, dass man im Tal Leute antreffen könne, welche die schlechte Angewohnheit hätten, auf den Wegen, auch wenn sie gewarnt würden, einem kommenden Fuhrwerk nicht auszustellen. So oder ähnlich hat er das gesagt.

Als ich das gehört habe, musste ich sehr schmunzeln, denn mir ist nochmals eine Anekdote eingefallen, die mir unser Cousin Rudl erzählt hat.

Einmal fuhr Rudl mit seinem Auto Richtung Sand in Taufers, als ihm auf einmal ums Haar unser Vater ins Auto gelaufen wäre. Stellt es euch bildlich vor! Vater war beim „Bruggenwirt" in St. Johann eingekehrt und hatte gesehen, dass das „Postauto" auf der gegenüberliegenden Straßenseite hielt. Und es war gerade dabei, wieder weiterzufahren. Vater lief, ohne nach links und rechts zu schauen und ohne auf den Verkehr zu achten, über die Straße, damit er den Bus noch erwischte. Zebrastreifen gab es damals noch keine. Es war eine äußerst gefährliche Situation und Rudl musste sehr scharf bremsen, damit er verhindern konnte, unseren Vater, also seinen eigenen Onkel, zu überfahren. Jedes Mal müsse er noch heute an diese brenzlige Situation denken, wenn er zum „Bruggenwirt" komme. So hat er es mir erzählt.

Schon unsere Mutter hat Vater immer wieder ermahnt und mit ihm geschimpft, dass er mehr auf den Verkehr achtgeben müsse. Vater reagierte darauf immer verärgert und meinte, dass schon die Autofahrer achtgeben und dafür Sorge tragen müssten, dass sie niemanden überfahren würden. Vater schien sich in brenzligen Situationen immer an den Psalm aus der Bibel zu halten: „Der Herr ist mein Hirte, nichts wird mir mangeln."

AUF DER TAUERNALM UND IN HEILIG GEIST

Am Morgen steigen sie von Kasern, dem letzten Weiler von Prettau, die steilen, engen Serpentinen zur Fuchsalm hoch. Als die fünf Geschwister am Ziel angelangt sind, steigt gerade im Osten die Sonne über die Gipfel der Berge und schüttet goldenes Licht über die Hochebene. Das Grün der Fichten, Lärchen und der Almwiesen leuchtet in allen Schattierungen in der Morgensonne.

Die Fünf wandern langsam durch das Hochtal, das den treffenden Namen Schöntal trägt, der Tauernalm entgegen. Sie haben keine Eile und genießen das gemeinsame Wandern und die atemberaubende Aussicht, die sich ihnen bietet. Sie bleiben immer wieder stehen und schauen und staunen. Vor ihnen erhebt sich eine majestätische Kulisse von Dreitausendern: die Dreiherrenspitze in ihrem glänzenden Eispanzer, die Rötspitze, der Hohe Rosshuf, die Löffelspitze. Die mächtigen Moränenwälle, welche sich vom Fuß der Dreiherrenspitze herabziehen, lassen erahnen, wie weit die Gletscherzungen einmal ins Tal heruntergereicht haben. In den letzten Jahrzehnten sind sie auf einen eher kümmerlichen Rest zusammengeschmolzen.

Am späten Vormittag erreichen sie die Tauernalm, wo sie noch einen Tisch im Freien ergattern können, und bestellen sich eine Brotzeit.

Am Nachmittag wandern sie weiter über den alten Tauernweg hinunter ins Tal zur Adleralm und von dort talaus zum Wallfahrtskirchlein von Heilig Geist. Dort haben sich die Touristen das Gelände erobert und belagern in Scharen das kleine Kirchlein. Die fünf Geschwister treten ein, lassen sich in den engen Bänken nieder und betrachten im Dämmerlicht des Raumes das blutüberströmte, barocke Kruzifix und das durchschossene Kreuz, von dem eine uralte Sage erzählt.

Einmal habe ein wilder Jäger seine Schießkunst am Kruzifix ausprobiert und den Heiland wie beabsichtigt mit drei Kugeln in der Herzgegend getroffen.

In Salzburg drüben errang der siegessichere Schütze beim Wettschießen den ersten Preis, einen prächtigen Stier. Am nächsten Tag führte er das Tier über den Tauernpass und kam mit dem Stier am durchschossenen Kruzifix vorbei. Am Ort seines frevlerischen Tuns wurde das Tier plötzlich wild und spießte den Unglücklichen mit seinen Hörnern auf.

Das durchschossene Kreuz wird seitdem auf dem jährlichen Bittgang der Ahrntaler Männer nach Ehrenburg mitgetragen.

Die Geschwister verlassen das Kirchlein wieder und wandern auf dem mit Feldmauern gerahmten Kreuzweg zu ihrem Ausgangspunkt nach Kasern zurück.

Die Stimmung ist heiter und ausgelassen, denn sie haben sich viel Lustiges zu erzählen.

Anekdoten

ROBERT

Zu einem Bauern hier im Ort Prettau kommen zwei zum Scherzen aufgelegte Burschen. Sie sind mit einer Carabinieriuniform verkleidet. Woher sie diese haben, fragt ihr? Das weiß wahrscheinlich nur der Teufel allein. „Gehören Ihnen diese Hühner hier?“, fragen sie den Bauern. Als dieser vom unerwarteten, scheinbar amtlichen Besuch überrascht und eingeschüchtert bejaht, erklären sie: „Senta, hören Sie, wir machen heute Abend ein Fest in der caserma, in unserer Kaserne. Dafür möchten wir Ihre Hühner hier haben, um sie zu grillen. Sie gefallen uns, capito? Verstehen Sie? Wir bezahlen auch gut, sieben Euro für das Stück. Das ist ein guter Preis.“

Der Bauer nickt schnell und wittert ein gutes Geschäft.

„Sie müssen die Hühner aber für uns schlachten und herrichten. Verstehen Sie?“

Der Bauer willigt schnell in den Handel ein, und der vermeintliche Carabiniere fährt fort. „Wir kommen in zwei Stunden wieder, um die Hühnchen abzuholen. Haben Sie verstanden?“

Als die angeblichen Ordnungshüter verschwunden sind, macht sich der Bauer sofort ans Werk. Er schlachtet seine Hühner, rupft sie und nimmt sie aus. Dann wartet er. Zwei Stunden gehen vorbei, drei Stunden, dann sind vier Stunden vergangen. Die Carabinieri kommen nicht wieder. Nun erst beginnt dem Armen zu dämmern, dass er hereingelegt worden ist.

Die zwei falschen Ordnungshüter haben sich versteckt und beobachten aus sicherer Entfernung, wie der Bauer zehn Hühner einfängt und eins nach dem anderen köpft. Und sie platzen fast vor Lachen, so wie viele andere auch, als sie von diesem bösen Streich erzählen hören. Wer den Schaden hat, heißt es ja bekanntlich, braucht für den Spott nicht zu sorgen.

ANNA

O mein Gott, Robert, was für ein makabrer Scherz! Ich konnte darüber überhaupt nicht lachen. Wenn sogenannte Scherze auf Kosten eines anderen gehen, und ihm auch noch Schaden zufügen, dann sind sie entschieden abzulehnen. Das ist meine Meinung.

Aus dem Dorf Prettau habe ich eine meiner Meinung nach weit lustigere Anekdote erzählen hören.

Der Schützenkommandant von Prettau hält vor dem Fronleichnamsfest mit seiner Schützenkompanie eine Marschierprobe ab, denn die Truppe soll bei der Prozession am Sonntag mitmarschieren.

Er lässt seine Männer in voller Montur antreten und in Habtachtstellung gehen. Dann gibt er ihnen den folgenden Befehl: „Still gestanden, Grittl vanondo, 's dicke Tual afn Böüdn, in Ousch zin Wiesa-Mischthaufn und 's ondre wie fiascht."[23] Die „Wiese" war ein altes Prettauer Bauerngasthaus.

Das nenne ich wirklich anschaulich-eindeutige Befehle, die der Schützenkommandant da erteilt hat.

---

23 Still gestanden, Beine auseinander, den dicken Teil (des Gewehres) auf den Boden und den Hintern in Richtung Wiese-Misthaufen, alles andere wie voriges Jahr!

Anekdoten zwei

KLAUS

Tolle Geschichte, Anna. Ich musste herzlich darüber lachen. Solche Schilderungen von Streichen und lustigen Begebenheiten oder Erzählungen von Originalen haben sich früher in Windeseile verbreitet. In einer Welt fast ohne Medien waren solche Anekdoten etwas Besonderes, etwas Erzählenswertes. Man erzählte anderen Leuten weiter, was von der Normalität abwich, aus dem Rahmen des Üblichen fiel und was überraschend oder seltsam war. Diese Geschichten gingen von Mund zu Mund und wurden dabei immer weiter ausgeschmückt.

Heute sind solche lustigen Begebenheiten nichts Besonderes mehr und werden daher schnell wieder vergessen. Man verschickt lieber angeblich lustige WhatsApp-Bildchen und -Filmchen oder schreibt Nachrichten auf Facebook und Instagram. Die Originale sind scheinbar am Aussterben. Auch der Sinn für Humor hat sich gewandelt. Eine gute Geschichte hört man nur mehr ganz, ganz selten erzählen. Ich finde diese Erzählungen von Originalen sehr interessant, denn sie verraten viel über die Lebenseinstellung, die Sitten und Bräuche, die Lebensweise und den gelebten Humor einer Dorfgemeinschaft.

Ich habe neulich einige Berichte über ein Ahrntaler Original gehört, welche mir gefallen haben. Die erzähle ich euch jetzt.

Ein Bauer aus Steinhaus liefert das erste Mal seine Milch bei der neu gegründeten Sennerei in Bruneck ab. Bald darauf erhält er einen Brief von einer Angestellten des Betriebes, in dem sie die Güte seiner Milch bemängelt und ihn dringend auffordert, mehr auf die Qualität und Sauberkeit seines Produktes zu achten. Einen solchen Mahnbrief schickt sie ihm gleich mehrere Male hintereinander.

Bei einer Versammlung der Sennereimitglieder in Bruneck lernt der Bauer, welcher übrigens ein überzeugter Single ist, endlich die besagte Frau kennen. Er stellt sie ziemlich verärgert zur Rede und stellt gleich Folgendes klar: „Du konnsch mo schreibn söü öft du willsch, i will di decht net!“[24]

Der gleiche Bauer hat einen Unfall mit seinem Traktor und liegt verletzt im Krankenhaus von Bruneck. Ein Besucher fragt ihn, wie es ihm denn gehe. „I bin nö amo mit an bloubm Auge dovokemm, und iz lieg i holt dou in Gsundmochahaus.“[25] Auf die Frage des Besuchers, wie es seinem Traktor gehe, antwortet der Bauer schlagfertig: „Do se lieg af do Intensivstation, und in sebn mog la i allua bsüichn.[26]“

Noch eine Geschichte über den gleichen Bauern:

Ein Autofahrer überfährt auf der Straße durch Steinhaus eine Henne. Er hält an, bringt sie zu besagtem Bauern und erklärt ihm: „Ich habe leider diese Henne überfahren, gehört sie dir?“ Der Bauer wirft einen Blick auf das tote Tier und

---

24 Du kannst mir schreiben, sooft du willst, ich werde doch nie etwas mit dir anfangen!

25 Ich bin noch einmal mit einem blauen Auge davongekommen, und jetzt liege ich halt hier im Gesundmacherhaus.

26 Der liegt auf der Intensivstation, und nur ich allein darf ihn besuchen.

erwidert kopfschüttelnd: „Noa, giwiss net, i hon kuana sella plottata Henn!“[27]

Ich erzähle euch noch eine letzte Anekdote, die man sich über diesen Bauern erzählt hat. Für den Wahrheitsgehalt der Geschichte kann ich allerdings nicht bürgen.

Unser Bauer mäht mit seiner Mähmaschine eine steile Wiese. Auf einmal reißt ihm ein plötzlicher Windstoß seinen Hut vom Kopf und weht ihn davon. Der Bauer lässt die Maschine allein weiterfahren und versucht verzweifelt, seinen Hut wieder zu erhaschen, was ihm nach einiger Zeit auch gelingt. Nur hat sich inzwischen die herrenlose Maschine selbständig gemacht und ist, sich immer wieder überschlagend, über den steilen Anhang hinuntergekollert.

Wieder einmal erwies sich: Wer den Schaden hat, braucht für den Spott nicht zu sorgen.

---

27 Nein, gewiss nicht, ich besitze keine solchen flachen Hennen.

Anekdoten drei

FRANZISKA

Das waren wirklich lustige Geschichten. Ich habe mehr als nur schmunzeln müssen. Wie ihr hören konntet, habe ich herzhaft darüber gelacht.

Während ihr diese Anektoden erzählt habt, habe ich mich gefragt, was eigentlich Humor ausmacht. Ich denke, Humor ist die Begabung der Unzulänglichkeit der Welt und der Menschen, den alltäglichen Schwierigkeiten und Missgeschicken mit heiterer Gelassenheit zu begegnen. Humor ist, wenn man trotzdem lacht, so heißt ja zu Recht eine Redensart.

Jetzt bin ich an der Reihe, euch eine Geschichte zu erzählen.

Zwei ältere Ahrntaler, die gemeinsam in Pension gegangen sind, werden aufgefordert, das erste Mal ihre Rente auf dem Postamt in Steinhaus zu holen. Persönlich. Es ist bekannt, dass die zwei Männer oft zu Scherzen aufgelegt sind, und sie wollen ihrem Ruf wieder einmal alle Ehre erweisen.

Der Postbeamte staunt nicht schlecht, als der eine seinen Freund in einer Schubkarre sitzend ins Postamt schiebt. Auf die Frage, warum er denn seinen Kollegen in einer Schubkarre daherbringe, antwortet er: „Dou isch gstonn, ia müs persönlich kemm, obo ia sich jo itz Rentna. Itz dopockt ias uafoch nimma zifüiss. Und itz bleib mo nicht ondos ibrig, als ihn in an Schubgrattlan zi bring.“[28] Das nenne ich Humor!

28 Da hat gestanden, er muss persönlich kommen, aber er ist ja jetzt Rentner. Jetzt schafft er es einfach nicht mehr zu Fuß. Und jetzt blieb mir nichts anderes übrig, als ihn in einer Schubkarre zu bringen.

ROBERT

Da ihr meine erste Geschichte aus Prettau über die falschen Carabinieri und die Hühner nicht unbedingt zu schätzen wusstet, erzähle ich euch nochmals eine Anekdote aus Prettau. Ich hoffe, dass sie besser bei euch ankommt als die erste.

Ein Prettauer Baumeister, Inhaber einer kleinen Baufirma, war für seine Arbeitsamkeit, seine Ehrlichkeit und seine konkurrenzlos niedrigen Preise weitum beliebt und geschätzt. Bekannt war allerdings auch, dass er bei seiner Arbeit, um zur Höchstform auflaufen zu können, Tag für Tag mindestens einen Liter Rotwein trank. Das tat seiner Kreativität allerdings keinerlei Abbruch. Über ihn wird folgende Geschichte erzählt:

Nach der Halbmittagspause, in welcher der Meister wie üblich tüchtig dem Rotwein zugesprochen hatte, ging er wieder gut gelaunt ans Werk. Bis zum Mittagessen mauerte er munter die Kabine einer Dusche in die Höhe. Als der Hauseigentümer zum Mittagessen rief, ihr wisst, damals wurden die Handwerker noch im Haus ihres Bauherren verpflegt, wurde dem Mann plötzlich schmerzhaft bewusst, dass er sich im Eifer des Gefechtes selbst eingemauert hatte. Der gute Mann hatte bei seiner Maurerei ganz einfach vergessen, eine Türöffnung auszusparen, und jetzt musste er sich, wohl oder übel, fluchend aus seinem selbst gemauerten Gefängnis befreien.

Ich kann allerdings den Wahrheitsgehalt dieser Anekdote nicht bezeugen. Es könnte auch sein, dass seine neidischen Konkurrenten sie bewusst verbreitet haben, um des Mannes guten Ruf zu schädigen und ihn in Misskredit zu bringen.

Sie wollten ihm in die Suppe spucken und haben deshalb Fake News verbreitet. So nennt man das heute ja, glaube ich.

Ich hoffe, dass euch diese Geschichte besser gefallen hat, als meine erste.

Noch mehr Anekdoten

ANTON

Ja, Robert, das kann ich wirklich bestätigen. Ich fand diese Geschichte eindeutig lustiger als deine Hühner-Anekdote.

Ihr sprüht ja heute alle vor Kreativität und Erzählfreude. Bravo. Jetzt fühle ich mich auch angespornt, etwas zum Besten zu geben.

Vor mehr als 50 Jahren wurde in Südtirol durch ein Staatsgesetz quasi über Nacht eine Einheits-Mittelschule eingeführt. Das hieß, an die fünfjährige Volksschule mussten drei weitere Pflichtschuljahre angehängt werden.

Auch im Ahrntal musste dafür eine behelfsmäßige Schule errichtet werden. Der Unterricht fand anfangs aus Platzgründen in Privathäusern, teilweise sogar in Ställen statt. Alle Schüler des Tales kamen in St. Johann zusammen. Damals war es üblich, dass alle Kinder vor Beginn des Unterrichts eine Schülermesse besuchen mussten. Darüber wachte der als sehr streng bekannte Ahrner Pfarrer.

Vor dem Kellereingang der heutigen Grundschule stand eine zwei Meter hohe Mauer mit einem gewiss mannshohen Maschendrahtzaun oben drauf. Eine Kirchgängerin, eine ältere Frau, stellte dort immer gewohnheitsmäßig ihr Fahrrad ab. Manche Schüler schwänzten häufig die Schülermesse, und einmal hängten diese das Fahrrad mit der Lenkstange an die obersten Zaunmaschen. Das war eine beeindruckende Kletterei gewesen.

Nach der Messe meldete die Frau den Vorfall ziemlich verärgert dem damaligen Schuldirektor. Dieser wollte in ihrer Gegenwart alle Kirchenschwänzer zusammenrufen, aber keiner meldete sich. Nun rief er alle Fahrschüler zusammen. Alle kamen, aber niemand hatte etwas getan oder gesehen. Am Ende des versuchten, ergebnislos verlaufenen Verhöres schmiss der Direktor entnervt das Handtuch: „Güit, na ibonimm i die Vorontwöüschtung"[29], rief er. Diese Worte wurden von der alten Frau wohl missverstanden. Denn in den folgenden Tagen und Wochen erzählte man sich im Dorf, der Direktor persönlich habe das Fahrrad an den Zaun gehängt. Vermutlich wohl aus schierem Übermut, und er habe auch noch die Verantwortung dafür übernommen.

Übrigens, das Fahrrad haben die Kirchenschwänzer wieder vom Zaun geholt und die alte Frau belohnte sie dafür auch noch mit Süßigkeiten. Natürlich hat sie nicht gewusst, dass sie ihr Rad an den Zaun gehängt hatten.

29 Gut, dann übernehme ich die Verantwortung.

AUF DER WOLLBACHALM

Die fünf Geschwister sitzen in der Küche der Almhütte im Wollbachtal, oberhalb von St. Jakob im Ahrntal, beisammen. Robert hat sie anlässlich der Einweihung des Elektrizitätswerkes, das er gemeinsam mit zwei Nachbarbauern errichtet hat, zu einem Mittagessen in der neu eingerichteten Küche eingeladen. Sein Sohn, der von Beruf Koch ist, hat ein Mahl für alle zubereitet.

Robert hatte die Geschwister schon am Vormittag in seinem Auto auf die Alm gebracht.

Als Kinder waren sie ungezählte Male auf die Alm gestiegen und hatten dort viele Tage mit Arbeit verbracht. Bei der Mahd des Bergheues im Hochsommer stemmten sie sich in ihren Bergschuhen tagelang in die steilen Hänge und mähten das Gras mit der Sense ab. Das sonnengetrocknete Heu mussten sie dann auf dem Rücken in den Heustadel der Hütte schleppen. In dieser Zeit, es waren etwa zwei Wochen, übernachteten sie im Bergheu. Sie wickelten sich in ein Leintuch, trotzdem juckte und piekste es überall. Der Staub kitzelte in ihren Nasen. Die Müdigkeit ließ sie dennoch schnell einschlafen. Es sind schöne Erinnerungen, die sie teilen.

Draußen vor der Hütte ist der Frühling ausgebrochen. Ein Meer von Krokussen überzieht die Hänge der Almwiesen. Nur in den Mulden liegen noch die letzten Schneereste des Winters. Über das Wollbachtal spannt sich ein wolkenloser, blauer Himmel. Die Rotwand und die Wollbachspitze leuchten in der Sonne; sie tragen noch einen Winterpanzer aus leuchtendem Schnee.

In der Hütte geht es hoch her, die fünf Geschwister lassen es sich gut gehen und essen und trinken. Die Stimmung ist ausgelassen und neckisch. Klaus wendet sich verschmitzt an seinen Bruder Robert, den Bauern.

Das Kreuz mit der Gülle und über ökologische Landwirtschaft

KLAUS

Hilfe, gestern wäre ich beinahe den Erstickungstod gestorben! Mein Nachbar hat wieder einmal seine Gülle ausgebracht, und das bei schönstem Wetter.

Robert, was sagst du, mein Bauern-Bruder dazu, wenn man nicht einmal mehr die Wäsche zum Trocknen hinaushängen und dann wieder anziehen kann, ohne dass man riecht, als wäre man gerade einer Jauchegrube entstiegen? Warum spritzen die Bauern ihre Gülle bei schönstem Wetter auf die Wiesen, wenn sie doch genau wissen, dass sie damit die Dörfer und Täler verpesten und den Großteil der Leute damit verärgern?

Auf euren Wiesen wachsen doch nur mehr drei Sorten von Gräsern, welche die Rosskur mit der Gülle aushalten. Sogar auf die Almen bringt ihr diese garstige Brühe und spritzt sie mit Hochdruckpumpen Dutzende von Metern auf die Böschungen hinauf. Danach sehen sie aus, als wären sie gerade einbetoniert worden. Wo früher wunderbare Blumenwiesen waren, wächst heute nichts anderes mehr als die drei besagten eintönigen Gräser.

Mir scheint, als hättet ihr Bauern sehr viel Einfluss auf das Geschehen und die Politik im Land. Politisch gut vertreten seid ihr ja, wie die letzten Landtagswahlen wieder einmal bewiesen haben. Mir scheint es fast so, als ob ganz Südtirol in Bauernhand ist.

ANNA

Die Blumenwiesen meiner Kindheit leuchten in meiner Erinnerung nur in den schönsten Farben. Im Frühjahr erstrahlten sie blauweiß von den ersten Krokussen. Dann färbten sich die Felder mit einem fetten Gelb ein, wenn die kleinen Sonnen des Löwenzahns aufblühten und strahlend die Hänge überzogen. Noch heute höre ich das Summen und Brummen von Abertausenden Insekten, von Bienen, welche, gelb gepudert mit Blütenstaub, diese gelben Sterne heimsuchten und die Pollen in ihren Höschen heimtrugen. Im Juni färbten sich die Wiesenhänge mit dem hellen Blau der Vergissmeinnicht-Blüten. Dazwischen leuchteten Inseln von Taglichtnelken in ihrem verschwenderischen Rot, und der Hahnenfuß sorgte für die Einsprengsel in sattem Gelb.

Während der Heumahd auf unseren Bergwiesen und auf der Alm krochen wir Kinder abends, müde von der harten Arbeit, ins frisch eingebrachte Bergheu. Wir waren in eine duftende Geruchswolke aus Dutzenden von getrockneten Kräutern und Blumen gehüllt. Arnika, Brunelle, Klee, Quendel, Trollblume, Hahnenfuß, Margerite, Schafgarbe, Knabenkraut …, nur um einige Blumen zu nennen. Wer einmal getrocknete Arnika im Bergheu gerochen hat, wird diesen herrlichen Duft wahrscheinlich nie wieder vergessen.

Unter uns im Stall läuteten uns dumpf und monoton die Glocken der wiederkäuenden Kühe in den Schlaf. Wir wären wahrscheinlich schnell eingeschlafen und hätten wunderbar geruht, wenn wir nicht ständig Heimweh nach Mutter und unserem richtigen Bett gehabt hätten, denn das Kitzeln und Pieksen des Bergheues war doch ziemlich ungewohnt.

Wenn ich daran denke, dass ich im gülleverseuchten Bergheu schlafen müsste, das heutzutage eingebracht wird, dann stellen sich mir die Nackenhaare auf und ein kalter Schauer läuft mir über den Rücken.

ROBERT

Seht ihr draußen vor der Tür etwa, dass ich hier auf der Alm Gülle ausgebracht hätte?

Obwohl ihr ehemalige Bauernkinder seid, scheint ihr alle nur noch wenig Ahnung von der modernen Landwirtschaft zu haben. Was würdet ihr unten im Dorf tun, wenn der Gülletank im Frühjahr überzuquellen droht? Dann muss sie halt raus, im Winter ist das Ausbringen der Gülle ja verboten. Ein bisschen Toleranz uns Bauern gegenüber ist unbedingt vonnöten, ihr Lieben. Auch wir haben Toleranz und Rücksichtnahme verdient!

Übrigens, die Gülle ist weit besser als ihr Ruf. Sie enthält nichts anderes als alle die für Pflanzen wichtigen Hauptnährstoffe wie Stickstoff, Phosphat, Kalium und Magnesium. Und viel Wasser. Da ist nichts Giftiges drin.

Die paar Tage im Jahr, an denen Gülle auf die Felder gebracht wird, werdet ihr empfindlichen „grünen“ Menschen schon noch aushalten können.

Apropos Landtagswahlen und gute Vertretung von uns Bauern in der Landespolitik. Ihr Arbeitnehmer seid schon selber schuld, wenn ihr eure eigenen Interessensvertreter zu wenig wählt. Wer zuerst kommt, mahlt zuerst. So heißt es doch, nicht wahr?

ANTON Toleranz zu üben ist gut und recht, mein lieber Robert. Ihr Bauern könntet wirklich einiges dazu beitragen, um die Geruchsbelästigung für uns Nicht-Bauern, die wir gut 96 Prozent der Bevölkerung ausmachen, zu vermindern.

Mit dem Thema Gülle habe ich mich schon einmal auseinandergesetzt. Wie wäre es, wenn ihr Bauern eurer geliebten Gülle vor dem Ausbringen mehr Wasser beimengen würdet? Wenn ihr sie mehr umrühren, wenn ihr Quarzmehl beifügen, und sie vor allem an Regentagen, und nicht bei schönstem Wetter, möglichst bodennah ausbringen würdet? Diesen enormen Gestank löst nämlich das Versprühen der Gülle aus. Auch Parfum muss man ja bekanntlich versprühen, damit sich der Duft so richtig entfaltet. In der Flasche merkt man wenig davon. Eine bodennahe Ausbringung der Gülle würde also die Geruchsbelästigung beträchtlich reduzieren können.

Apropos „grüne Menschen", Robert. Etwas grün zu sein stünde euch Bauern auch gut an, und ich meine damit nicht nur die Farbe eurer Stiefel und riesigen Traktoren, sondern eure Lebenseinstellung. Ich denke dabei an die Einstellung zu den natürlichen Ressourcen und den Kreisläufen der Natur.

KLAUS Ich stimme voll mit dir überein, Anton. Du hast meiner Meinung nach völlig recht mit dem, was du eben gesagt hast.

An dieser Stelle möchte ich ein paar Gedanken zum Bauer-Sein in der heutigen Zeit beisteuern.

Als wir noch Kinder waren, waren die Gerüche kaum ein Thema, das Gülleproblem gab es damals noch gar nicht. Der Stallmist roch zwar, aber er stank nicht zum Himmel. Seitdem hat sich vieles verändert.

Ich habe irgendwo gelesen, dass 1964 in unserem Tal noch 75 Prozent der Bevölkerung in der Landwirtschaft tätig waren. Heute arbeiten nur noch etwa vier Prozent der Leute in bäuerlichen Betrieben. Was früher sechs Menschen auf einem kleinen Hof mit der Hand gemacht haben, erledigt heute eine einzige Person, allerdings mit vollem Maschineneinsatz. Die Ställe, die Futterhäuser und Traktoren werden immer größer. Es wird viel zu viel Vieh gehalten in Bezug auf die bewirtschaftete Fläche. Alles ist nur mehr auf die Milchwirtschaft ausgerichtet, und das bedeutet, dass immer mehr Futtermittel zugekauft werden müssen, um das viele Vieh durch den Winter zu bringen. Der Einsatz von Pestiziden und Kunstdünger hat enorm zugenommen, was große Belastungen für die Felder und das Wasser mit sich bringt. Die Bauern von heute wissen oft nicht mehr wohin mit dem vielen Mist und der Gülle. Die Überdüngung der Felder hat zum Sterben von Pflanzen- und Tierarten geführt. Mit den Blumenwiesen verschwinden die Insekten, die Bienen, die Schmetterlinge und in der Folge die Vögel. Dazu kommt noch, dass die Feldmauern, die früher Rückzugsorte für viele Kleintiere, Vögel und Insekten waren, verschwunden sind, weil sie der maschinellen Bewirtschaftung der Flächen im Weg standen.

Ich habe in Erfahrung gebracht, dass von den rund acht Millionen Tier- und Pflanzenarten auf unserem Planeten bald eine Million für immer verschwinden könnte. Das Ausmaß des Artensterbens war in der Geschichte der Menschheit nie so groß wie heute.

Ich bin überzeugt, dass viele Menschen nachhaltig und lokal produzierte Lebensmittel suchen und auch bevorzugen würden: biologisch angebaute Kartoffeln, Kraut, Milch, Butter, Käse, Beeren, Fleisch, guten Speck und Würste von artgerecht gehaltenen Tieren. Bei einer nachhaltigen Wirtschaftsweise gilt es, Ressourcen effizient und gezielt einzusetzen und, wo möglich, einzusparen. Egal ob Wasser, Pestizide, Düngemittel oder Treibstoff: Alles sollte auf ein Minimum reduziert werden.

Einige zaghafte Versuche einheimischer Bauern, andere Wege zu gehen, sind zwar zu sehen, aber meiner Meinung nach geschehen die Veränderungen noch viel zu langsam.

ROBERT

Noch einmal möchte ich versuchen, eine Lanze für uns Bauern zu brechen, liebe Geschwister.

Seht ihr denn nicht, dass es auch bei uns Bauern gibt, die versuchen, einen anderen Weg zu gehen? Viele arbeiten schon heute ökologisch und nachhaltig. Sie bauen Gemüse, Kräuter und Beeren an, züchten alte einheimische Sorten und Rassen und versuchen, ihre biologisch produzierten Lebensmittel ab Hof oder in verschiedenen Verkaufsstellen zu veräußern.

Ich kenne die Statistiken ziemlich gut. Heute arbeiten bereits 1200 Betriebe in Südtirol biologisch-ökologisch. Das ist eine Zunahme von über 17 Prozent im Vergleich zum Vorjahr. Ist das nichts?

Allerdings sind meiner Meinung nach die bürokratischen Hürden bei der Umstellung der Betriebe noch viel zu groß. Wenn die Veränderungen schneller gehen sollen, dann müssen die verantwortlichen Politiker schneller die Voraussetzungen dafür schaffen, sodass die Umstellung auf ökologische Produktion und die Vermarktung der hergestellten Lebensmittel leichter und unbürokratischer ablaufen kann.

Ihr als Verbraucher müsstet vermehrt bereit sein, einen höheren Preis für gesunde und ökologisch hergestellte Lebensmittel zu zahlen. Ihr wisst ja, die Ernte fällt bei dieser Arbeitsweise geringer aus und der Aufwand bei der Herstellung ist ungleich größer. Die Nachfrage nach ökologisch hergestellten Produkten müsste also steigen. Solange das nicht der Fall ist, geht die Umstellung halt nicht so schnell voran.

Ich möchte eine Frage an euch stellen: Kauft und konsumiert ihr eigentlich schon ökologisch und nachhaltig hergestellte Produkte oder deckt ihr euch etwa immer noch billig in Discounterläden ein, die ja auch bei uns allenthalben wie die Pilze aus dem Boden schießen?

Wie heißt es in der Bibel? *Wer unter euch ohne Sünde ist, der werfe den ersten Stein,* meine lieben Geschwister.

Monumente der Moderne

ANTON

Da wir gerade schon so trefflich beim Streiten sind: Ein anderes Thema. Wie gefällt euch die neue Schwarzensteinhütte, welche im Sommer des Jahres 2018 eingeweiht worden ist? Ich bin neulich zu ihr hochgestiegen. Ich war begeistert und erstaunt, wie gut diese neue Schutzhütte, um die es im Vorfeld des Baues so viel Polemik gab, in die Landschaft passt. Als ich oben ankam, erhob sich vor mir ein dunkler Monolith wie ein riesiger überdimensionaler Kristall in der ihn umgebenden grandiosen Bergwelt. Die Farbe der Kupferhülle wird sich mit den Jahren weiter wandeln, wie sich auch die Felsen in der Nähe der Hütte verändern, und eine Symbiose mit der Bergwelt eingehen.

Durch das Fensterband, das um die Mitte dieses Monolithen eingelassen ist, kann der Besucher von innen fast andächtig auf die grandiose Ahrntaler Bergwelt schauen. Das gefällt bei jedem Wind und Wetter. Also, ich muss sagen, ich bin begeistert.

FRANZISKA

Ich kann deine Begeisterung für diese neue Schutzhütte nicht ganz teilen, lieber Anton. Die neue Schwarzensteinhütte sieht mir etwas zu minimalistisch und zu futuristisch aus. Gewöhnungsbedürftig eben.

Nur, wie soll eine moderne Schutzhütte aussehen? Ich glaube, mit dem Bau der Edelrauthütte, die ja ganz in der Nähe der Schwarzensteinhütte einige Jahre früher errichtet wurde, ist eine gute Symbiose zwischen Tradition und

Moderne gelungen. Sie sieht frisch und modern aus, und die Architekten haben eine gute Verbindung zwischen moderner Funktionalität und regionalen Elementen geschaffen.

KLAUS Ich möchte mich Anton anschließen. Auch ich finde die neue Schwarzensteinhütte sehr gut gelungen. Ich kann mich noch gut daran erinnern, wie die geplante Hütte schon im Vorfeld kritisiert worden ist. Den Kritikern ging es um Tradition, um die Identität des ganzen Landes, die sie durch eine „Betonburg" oder einen „Bunker" gefährdet sahen. Mit dem Bau fürchteten sie Steuergelder verschwendet.

Ich muss sagen, dass dieser moderne Bau überhaupt nicht wie ein Betonbunker wirkt. Die Schutzhütte erscheint mir, wie auch schon Anton gesagt hat, wie eine schmale Zinne, wie ein überdimensionaler Felsblock, der hervorragend in die ihn umgebende Bergwelt passt. Nur die zwei Untergeschosse bestehen aus Betonfertigteilen. Die vier Stockwerke darüber sind aus einheimischem Fichtenholz gezimmert und in einen Schutzmantel aus Kupfer eingepackt worden. Beides sind Materialien, die auch in unserer Natur vorkommen.

Ja, etwas Neues ist immer ein Wagnis; die Planer und der Bauherr haben viel riskiert. Aber ich stelle Folgendes fest und gebe zu bedenken: Wenn nie etwas Neues gewagt und ausprobiert worden wäre, dann würden wir heute noch wie unsere Vorfahren in Höhlen und primitiven Hütten hausen. Inzwischen ist die Kritik an der neuen Schwarzensteinhütte fast verstummt. Es braucht eben eine Gewöhnungsphase, bevor man Neues akzeptiert.

ANNA

Ja, es wird einiges probiert in unserem Tal. Da gibt es einen in Glas verpackten Bauernhof, eine Idee, für die der Architekt einen Preis gewonnen hat, moderne, funktionale Hotelbauten, ein Kulturhaus auf dem Bühel in St. Jakob, über das am Anfang auch viel geschimpft und gelästert wurde. Auch in diesem Fall ist die Kritik heute völlig verstummt.

Übrigens, ich finde die alten, stilvoll renovierten Bauernhäuser mit einem Holzaufbau in uraltem, von Wind und Wetter gebräunten Lärchenholz und einem schlichten Balkon mit Geranien oder Nelken wunderbar. Aber ich frage mich: Muss dieser Stil auch auf Neubauten übertragen werden? Das Problem ist, dass immer noch viele Touristen, aber auch Einheimische, das „typische Tirolerhaus" mit schweren Holzbalkonen und den obligatorischen Geranien, diese „Lederhosen-Architektur", sehen wollen. Meiner Meinung nach kann man diesen Baustil nicht auf ein Hotel mit 100 Betten oder gar auf eine Gewerbezone übertragen. Noch immer finden wir in den Gewerbezonen Hallen und obendrauf eine Wohnung mit Erker, Balkon und Satteldach. So entsteht eine Art Disneyland, das mit Tradition nichts mehr zu tun hat. Das entspringt einem falschen Verständnis von Kultur, einer Angst vor dem Neuen und der Angst, die Identität, die Werte zu verlieren. Ich denke, es fehlt noch häufig das Bewusstsein, dass die Architektur auch das Kulturgut eines Landes darstellt.

AUF DEM STEGENER MARKT

Schon von weitem ist das dumpfe Brausen der Menschenmenge zu hören. „Der größte Markt Tirols", so wird er genannt, der Stegener Markt, ist in vollem Gange.

So weit man blicken kann reihen sich Buden und Stände und bilden Gassen, in denen sich die Menschen drängen. Socken, Unterwäsche, Schuhe, Kleider, Spielzeug, türkischer Honig und andere Süßigkeiten werden angeboten. Kastanienbrater und Würstchenstände bieten ihre Waren an, landwirtschaftliche Maschinen werden gezeigt und die Bierzelte stehen für die Massen bereit. Am Rande des Gewimmels, gegen Bruneck hin, drehen sich die Kettenkarussells, die Schaukeln. Tagadas kreisen im Takt der lärmenden Musik, kreischende Jugendliche lassen sich in die Luft schleudern. Überall drängen sich Menschen, die einen schlendern wie in einer Prozession auf die Stadt Bruneck zu, die anderen lassen sich im Strom in die Gegenrichtung, auf St. Lorenzen zu, treiben.

Plötzlich sieht Anton in der Menge seinen Bruder Klaus auf sich zukommen. Sie begrüßen sich freudig. Sie beschließen, sich erstmals in das Bierzelt der freiwilligen Feuerwehr Stegen zurückzuziehen. „Du, vorhin habe ich Franziska und ihren Mann gesehen", sagt Klaus, „rufen wir sie doch an." „Vielleicht ist auch Anna da, heute ist doch der 26. Oktober, in Österreich ein Staatsfeiertag, da kommen viele Nordtiroler her auf den Markt. Heute ist der sogenannte Österreicher-Tag auf dem Stegener Markt, da kam auch Anna schon öfters", stimmt Anton zu. Tatsächlich, sie erreichen Anna und später auch Robert. Er ist ebenfalls, so wie jedes Jahr, auf dem Markt unterwegs. Ein unverhofftes Familientreffen der fünf Geschwister bahnt sich an.

Der Stegener Markt war im Pustertal einmal das wichtigste gesellschaftliche Ereignis des Jahres, ein Treffpunkt, ein sogenannter „Menschomarkt". Er bot eine willkommene Gelegenheit, um sich zu treffen und neue Bekanntschaften und Freundschaften zu schließen. „Nur wer den Stegener Markt besucht hat, kommt gut übers Jahr", hieß es außerdem. Die Knechte und Mägde, die einen neuen Arbeitsplatz suchten, kamen auch gerne auf den Markt, und die arbeitssuchenden Knechte sollen angeblich einen Löffel in ihr Hutband gesteckt haben. Das war das Zeichen, dass sie einen Kostgeber und eine neue Arbeitsstelle suchten.

Allmählich wird es den fünf Geschwistern zu laut im Bierzelt. Sie gehen miteinander über die Brücke ins Dorf Stegen hinüber und setzen sich dort in ein Gasthaus. „Schön ruhig ist es hier, was für ein verdammter Rummel da drüben", bemerkt einer. „War dieser Markt in unserer Kindheit nicht noch ganz anders?", fragt Franziska. „Ja", bestätigt Anna, „es gab weniger Kleiderbuden und Schuhe, es gab noch mehr Originelles und von Hand Gemachtes. Ganz sicher weniger Plastik und Konsum. Alle Waren sehen heute doch gleich aus. Überall gibt es nur mehr dasselbe."

„Als kleines Kind hat mich Vater das erste Mal auf diesen Markt mitgenommen und es ist ein überwältigendes Erlebnis für mich gewesen", erinnert sich Robert. „Es gab noch viel mehr Viehhändler und andere originelle Gestalten und Sehenswürdigkeiten. Ich kann mich daran erinnern, wie mir Vater damals eine Lederhose gekauft hat. Die habe ich gleich anprobiert und nicht mehr ausgezogen. Später hat Vater uns ein Würstchen mit Senf gekauft. Mit dem Senf wusste ich allerdings nicht recht was anzufangen. Er war mir viel zu scharf und klebte an meinen Fingern. Deshalb habe ich den Großteil davon auf die neue Lederhose geschmiert. Das hat Vater damals gar nicht bemerkt, aber Mutter hat zu Hause umso mehr geschimpft. Übrigens, der Lederhose hat der Senf nicht im Geringsten geschadet. Im Gegenteil, nach der Reinigung wurde sie richtig glänzend und schön speckig." Alle lachen.

„Ich erinnere mich daran, wie Vater einmal vom Stegener Markt in seinem Rucksack Datteln und eine Kokosnuss heimgebracht hat", erzählt Anna. „Die Datteln kannten wir damals noch gar nicht, aber sie schmeckten wunderbar. Daraufhin sahen wir gespannt zu, wie Vater die Kokosnuss anbohrte, um an die Kokosmilch zu kommen. Es rann aber kein einziger Tropfen Flüssigkeit in die daruntergestellte Schüssel. Unsere Enttäuschung war groß, und Vater ärgerte sich über den betrügerischen Händler, der ihm anscheinend eine andere Nuss als die auf dem Markt begutachtete untergejubelt hatte. Vater hatte das Schwappen der Flüssigkeit an seinem Ohr eindeutig gehört, als er sie geschüttelt hatte. Schließlich hat er die Nuss mit einem Hammer zerschlagen und wir sahen das Innere, das weiße Fruchtfleisch. Auch dieses wäre essbar, hatte der Händler erklärt. Zuerst beäugten wir die weiße, fingerdicke Kruste misstrauisch, aber neugierig wie wir waren probierten wir sie dann doch. Wir fanden aber den Geschmack sehr befremdlich. Die weißen Brocken sind schließlich in der Schweinekanne gelandet, aber nicht einmal unsere Schweine haben sich darüber gefreut."

Die Geschwister unterhalten sich angeregt über den Wandel des Stegener Marktes und sie sind sich einig: Der Kommerz hat auch hier immer mehr Einzug gehalten. Die Waren, die angeboten werden, sind nichts Besonderes mehr. Es sind Massenwaren, welche die Globalisierung überall hinspült. Ramsch, Kitsch, Plastik und Billigwaren aus China oder anderen Billiglohnländern der Welt.

An diesem Nachmittag werden aber noch vielerlei Themen mehr diskutiert. Die Geschwister kommen auf dies und das, sprechen über die Veränderungen, welche die Zeit in ihr Tal und in ihr Dorf gebracht hat.

Über das Geschäfte-Sterben und die Plastik-Flut

FRANZISKA

Habt ihr gewusst, dass letztes Jahr in den Dörfern des Ahrntales wieder zwei, drei kleine Geschäfte geschlossen worden sind? Man hört, dass es nicht mehr rentabel sei, sie weiter offen zu halten. Das Warenangebot sei zu klein, die Konkurrenz der Supermarktketten und Discounter, die sich allenthalben breit machen, sei zu groß. Auch das Geschäft aus unserer Kindheit, das „Ochnahaus" hat vor Kurzem geschlossen.

Ja, es ist leider so, die Tante-Emma-Läden in den Dörfern sterben. Dafür machen sich in vielen Dörfern die Supermarktketten mit ihren automatischen Kassen breit, in welche eine Kassiererin die Strichcodes der Waren einscannt. Sie hat kaum mehr Zeit für einen kleinen Plausch mit den Kunden. Zum Glück gibt es in unserem Tal doch noch einige kleinere Geschäfte, in denen man sich noch Zeit für die Kunden nimmt.

Früher nahm man sich in den kleinen Dorfläden überall viel Zeit. Da war der Kunde tatsächlich noch König. Die Preise der eingekauften Waren wurden damals in einem Heftchen angeschrieben. Einmal im Monat wurden die Summen addiert, und die Schuld musste bezahlt werden.

Übrigens, früher sprach man überhaupt noch viel mehr direkt miteinander. Telefoniert wurde nur dann, wenn es unbedingt sein musste.

Als wir noch Kinder waren, waren die Dorfläden eine ganz wichtige Einrichtung. Man bekam dort alles, was man im Haus und auf dem Hof zum täglichen Leben brauchte: von Stahlnägeln in allen Größen bis zum Schleifpapier, vom Draht bis zu den Bürsten und Besen, vom Reparaturzeug zum Selberflicken der Fahrradschläuche zur Schuhwichse und zu den Stoffen. An Lebensmitteln kaufte man damals unverpackte Wurst und **Kaminwurzen**, Schweizer Käse, offenes Mehl, Reis und **Polenta**, Nudeln und Salz; alles Waren, welche auf der großen Waage, die den wichtigsten Platz auf der Ladentheke einnahm, abgewogen und in Papiersäcklein, die **Schomizlan**, gefüllt wurden. Einige Konserven gab es auch schon. Etwa Büchsen mit Tomatenmark, **Paradeis** nannten wir es, Marmelade und Fischkonserven. Auch eine Flasche Wein für Vater kauften wir ab und zu.

Im Sommer wurden Pfirsiche und Tomaten angeboten und im Herbst Trauben. Dieses Obst kam damals noch aus dem Süden Italiens und nicht aus holländischen oder spanischen Gewächshäusern, so wie es heute oft der Fall ist, und es schmeckte noch nach etwas. Damals gab es praktisch nur unverpackte Lebensmittel und für den Einkauf nahmen wir wie selbstverständlich eine Stofftasche mit. Im Dorfladen haben wir außerdem die Pfifferlinge und Preiselbeeren verkauft, die wir im Sommer und im Herbst sammelten. Damit haben wir uns unser erstes Taschengeld verdient.

Plastikmüll war in unserer Kindheit noch überhaupt kein Thema. Es schien praktisch noch kein Plastik zu geben. Zweimal im Jahr kam ein Rückenkorb voller Flaschen und Dosen zusammen, dann schickte uns Vater damit zum Grundbach. Von der Achnerbrücke aus haben wir dann die Blechbüchsen und Flaschen in die Ahr geworfen, und wir sahen fasziniert zu, wie sie auf den Wellen ritten und sich auf die Reise in den Süden aufmachten. Zumindest in unserer Vorstellung. Ich habe kein schlechtes Gewissen, dass wir das damals gemacht haben. Die Blechbüchsen sind sicher längst vom Rost zerfressen und zerfallen, die Flaschen werden längst zerbrochen und vom Fluss zu grünen, runden Kieseln geschliffen worden sein. Niemand hat damals von Umweltverschmutzung und Mülltrennung gesprochen.

Dann kamen in den Sechzigerjahren die ersten Touristen. Das änderte alles. Die Bedürfnisse wuchsen und mit ihnen die Müllberge. In den 1970er Jahren war plötzlich alles in Plastik und Karton verpackt, und die Müllmengen begannen zuzunehmen. Und wir alle wuchsen allmählich in eine Welt des Konsums und des Wegwerfens hinein.

In unserem Dorf entstand damals die erste Müllhalde. Ich glaube, dass davon schon bei anderer Gelegenheit[30] jemand erzählt hat. Auf der Wollbach-Gisse hatte die Gemeindeverwaltung ein großes Baggerloch ausheben lassen, in das die Leute die wachsenden Müllberge „entsorgten", wie es so schön heißt. Dieses hässliche Müll-Loch erschien mir damals wie der Krater eines Vulkans, der seine Innereien ausgekotzt hatte. Aber es übte eine enorme Faszination auf uns Kinder aus. Dieses

30 Konrad Steger: Als noch Kartoffelfeuer brannten. Eine Kindheit im Ahrntal, Athesia 2016

furchtbare Loch wurde zu unserem Abenteuerspielplatz, obwohl es dort stank. Oft brannte auch wirklich ein Höllenfeuer im Müllkrater. Ihr Buben habt oft die Haarspraydosen zusammengesammelt und sie über das Feuer gelegt. Dann seid ihr davongerannt wie von Furien gehetzt, denn die Spraydosen explodierten nach kurzer Zeit mit einem gewaltigen Knall und flogen, im wahrsten Sinne des Wortes, qualmend in die Luft. Alles stank furchtbar zum Himmel. Während ich das erzähle, steigt mir der üble Geruch noch heute in die Nase.

Irgendwann hatte die Gemeindeverwaltung dann doch ein Einsehen und hat diese wilde Deponie geschlossen, indem eine Planierraupe Erde und Sand über die Misere geschoben hat. Vielleicht hatten sich ja die Touristen über den Gestank beschwert. *Aus den Augen, aus dem Sinn,* sagt man ja so schön. Über die Sache ist später Gras gewachsen, im wahrsten Sinne des Wortes. Die Plastikhaufen unter der Erde aber schlummern immer noch vor sich hin, und sie werden uns sicher alle überleben. Das ist eine ziemlich beunruhigende Vorstellung für mich.

ANTON

Ja, Franziska, du hast leider recht. Der Plastikmüll von damals wird uns alle überleben. Diese Müllproblematik ist eine beunruhigende Sache. Damals in den 1960er und 1970er Jahren fingen wir Menschen an, unsere Umwelt so richtig mit Füßen zu treten. Ja, damals hat das Plastikzeitalter begonnen. Heute ist Plastik allgegenwärtig, es hat alle Lebensbereiche erobert, denn es ist bequem, hygienisch und überaus billig.

Plastik ist praktisch nicht abbaubar. Nach einer langen Zeit zerbröselt es nur, und damit entsteht Mikroplastik. Eine Plastikflasche ist erst nach etwa 450 Jahren in Mikroplastikpartikel zerfallen. Aber damit ist das Problem noch bei weitem nicht gelöst. Besonders schlimm finde ich, dass dieses Mikroplastik über die Nahrungskette wieder zu uns zurückkehrt. Mit noch nicht absehbaren Folgen für unsere Gesundheit. Wir sind dabei, unseren Planeten regelrecht zu plastifizieren. Kaum eine Gegend unserer Welt ist noch plastikfrei. Das Problem des Plastikmülls ist uns über den Kopf gewachsen, wir haben die Kontrolle darüber verloren. Plastik ist wie in Goethes *Zauberlehrling* der Besen, welcher sich verselbständigt hat und nun tut, was er will. Er ist nicht mehr aufzuhalten. In der berühmten Ballade klagt nun der Zauberlehrling:

Herr, die Not ist groß!
Die ich rief, die Geister
Werd' ich nun nicht los.

Aber anders als in Goethes Ballade ist es sehr zweifelhaft, ob ein Meister kommen wird, der das Ganze beenden kann und unseren Dreck wieder aufräumt.

ANNA

Anton, ich muss dir leider recht geben, die Plastikmüll-Flut ist meiner Meinung nach neben der Klimaerwärmung zur größten ökologischen Bedrohung für die Menschheit geworden. Die Politik hat nur halbherzig und zu wenig nachhaltig und wirksam auf dieses Problem reagiert. Sie müsste diese Bedrohung ernsthafter bekämpfen, und das weltweit. Die Europäische Union hat zwar einige Gesetze gegen den zunehmenden Plastikmüll erlassen, aber die Veränderungen passieren noch viel zu langsam. Der politische Druck auf die Erzeuger des Plastikmülls müsste steigen. Die Alternativen zum Plastik, die es ja zur Genüge gäbe, müssten ernsthafter durchgedrückt werden.

Einige Hoffnung gibt ja das Engagement der jungen schwedischen Schülerin und Umweltaktivistin Greta Thunberg, die junge Menschen auf der ganzen Welt für einen engagierteren Umweltschutz zu mobilisieren vermag. Auch bei uns. Ich hoffe nur, dass ihr derzeitiger Einfluss auf die Menschen nicht zu schnell wieder abflaut. Heute ist ja leider alles so schnell vergänglich und wieder vorbei. Aber das schwedische Mädchen hat bisher schon viel mehr bewegt und Menschen aufgerüttelt, als Generationen von Politikern vor ihr. Deshalb dürfen wir nie die Hoffnung auf eine Besserung aufgeben, das wäre meiner Meinung nach der falsche Weg. Wenn der Menschheit das Wasser bis zum Hals steht, wird sie schon schneller reagieren. Ich hoffe zumindest.

Gestern, heute und morgen?

ANTON

Jedes Mal, wenn ich durch das Ahrntal fahre, fällt mir auf, wie sehr sich unser Tal und die Dörfer inzwischen verändert haben. Die Plumpsklos, welche an die Häuser und Höfe angebaut waren, sind ausnahmslos verschwunden. Verschwunden wie die steinbeschwerten Schindeldächer, die Zäune, die Feldmauern, die Hecken und viele Feld- und Trockenmauern. Sie standen wohl der maschinellen Bearbeitung der Wiesen im Wege. Gar manches steile Feldstück wird heute gar nicht mehr gemäht und ist verwachsen. Die Arbeit müsste mit der Sense gemacht werden, und das lohnt sich nicht mehr.

FRANZISKA

O ja, Anton, so ist es. So vieles hat sich total verändert. Die Bevölkerung hat seit unserer Kindheit enorm zugenommen, weltweit, aber auch in unserem kleinen Tal. Die Siedlungen sind rasant gewachsen. Sehr viel Grund und Boden ist seitdem verbaut worden. Wie werden unsere Dörfer, unsere Täler in 50 Jahren aussehen? Wird der Talboden vollständig mit Gebäuden bedeckt sein? Werden die meisten Wiesen und Felder verschwunden sein? Ich stelle fest: Es ist besser für mich, nicht in die Zukunft blicken zu können, das würde mich wahrscheinlich zu sehr belasten. Mir fällt auch auf, dass der Verkehr in den letzten Jahrzehnten immer mehr zugenommen hat.

Heute blüht der Tourismus und ich hoffe, das wird noch lange so bleiben. Die Menschen haben großteils im Fremdenverkehrssektor, aber auch in den nahen Industriebetrieben und als Handwerker Arbeit gefunden. Allenthalben, so scheint es, ist der Wohlstand eingezogen. Das heißt aber ganz gewiss nicht, dass nicht auch heute noch viele Familien darauf achtgeben müssen, wie sie mit ihrem Verdienst bis zum Monatsende kommen.

Die Religion und die Kirche waren in unserer Kindheit noch von zentraler Bedeutung. Heute leeren sich die Kirchenbänke, die Gottesdienste sind für viele junge Menschen anscheinend nicht mehr attraktiv genug. Das finde ich sehr schade, denn die moralischen und ethischen Grundsätze des Christentums wären in der heute so egozentrischen, konsumorientierten, ja aggressiven Zeit wichtiger denn je. Ist es der jahrhundertealte Reformstau in der Kirche, die Unfähigkeit des hohen Klerus, die Glaubenslehre an die moderne Zeit anzupassen? Die Weltfremdheit, die auch immer mehr junge Menschen aus der Kirche austreten lässt? Oder weil es uns so gut geht, wie man öfters hört? Ich weiß es nicht.

Das himmlische Bodenpersonal, die Pfarrer, sind alt geworden und nirgends ist mehr Nachwuchs in Sicht. Die wenigen Pfarrer, die noch da sind, müssen drei, vier Pfarreien allein betreuen. Wenn sie einmal nicht mehr da sein werden, was dann?

KLAUS

Ja, was dann? Dann muss man eben andere Wege finden, wenn man noch kirchliche Feiern und eine kirchliche Gemeinschaft erhalten will.

Mehr Sorgen macht mir die Tatsache, dass mir die Welt heute viel unsicherer erscheint. Drohende Kriege, gefährliche Viren, die weltweite Pandemien verursachen, zunehmende Umweltverschmutzung, die Klimaveränderung, die in den letzten Jahrzehnten durch zunehmende Wetterextreme sichtbar geworden ist. Die Gletscher gehen rapide zurück, das kann man überall in unseren Bergen beobachten. Wird in 50 Jahren noch genug Trinkwasser zur Verfügung stehen?

Weltweit sind derzeit beunruhigende Despoten an der Macht. Trump in den USA, Putin in Russland, Erdogan in der Türkei und Bolsonaro in Brasilien, nur um einige Beispiele anzuführen. Das sind nicht gerade Regierungschefs, die für Demokratie, Menschenrechte und eine vertrauenerweckende, menschliche Politik einstehen. Und Europa? Die Europäische Gemeinschaft war lange ein heller Stern am Horizont, ein Hoffnungsträger für ein sicheres und erfolgreiches Leben. Heute scheint sie durch interne Streitigkeiten immer mehr zu zerbröckeln, etwa durch den Austritt Großbritanniens oder das Anwachsen von autoritären und populistischen Parteien, wie es etwa in Italien oder Deutschland der Fall ist. Und nicht nur dort. Dabei bräuchte Italien so dringend eine stabile, seriöse Regierung. Wer soll einmal Italiens riesige Schuldenberge abtragen? Eine Frage, die in nächster Zukunft immer mehr auf die Gesellschaft zukommen wird.

ANTON

Ja, ja, Klaus, das Leben ist ein schweres, und am Ende meistens tödlich. Italien hat doch immer noch im letzten Moment die Kurve gekriegt. Aber Spaß beiseite.

Du hast eine ganze Reihe von Bedrohungen aufgezählt, die heute die Menschheit belasten. Meiner Meinung nach hat es solche Bedrohungen seit jeher gegeben. Die Welt war immer schon unsicher, das war auch in unserer Kindheit und Jugend nicht anders. Nur haben wir damals praktisch nichts von diesen existenziellen Krisen mitbekommen. Wir haben damals ganz einfach keine Informationen erhalten, wir haben von nichts erfahren. Man denke nur an den Kalten Krieg zwischen den USA und der Sowjetunion. Da stand die Menschheit einige Male am Rand eines ihre Existenz bedrohenden Atomkrieges. Wir haben Glück gehabt und darauf müssen wir weiterhin hoffen. Mit etwas Glück werden wir auch die heutigen Krisen meistern können. Was bleibt uns auch anderes übrig, als zu hoffen und positiv in die Zukunft zu blicken?

Die moderne Zeit hat auch einige erfreuliche Tatsachen mit sich gebracht. Positiv finde ich, dass die jungen Menschen heute wesentlich selbstbestimmter und ungezwungener leben können. Die Frauen haben sich emanzipiert, sie sind unabhängiger geworden, auch finanziell. Heute ist eine Trennung möglich geworden, wenn die Beziehung nicht mehr funktioniert. Das war früher praktisch undenkbar, denn die meisten Frauen waren damals noch nicht berufstätig und daher von ihrem Partner finanziell abhängig.

Vor 50 Jahren war es praktisch noch ausgeschlossen, dass junge Paare ohne Trauschein zusammenleben konnten. Oder es war noch unvorstellbar, dass jemand sich traute, sich als homosexuell zu outen, denn er wäre dafür von der Dorfgemeinschaft geächtet worden.

Junge Menschen haben heute unendlich viele Möglichkeiten mehr als wir damals. Ich denke dabei an die reiche Auswahl an Schulen und Berufen, die sie heute frei wählen können. Europa und die Welt stehen den Jugendlichen ebenso offen, und viele nützen die Chance.

ROBERT

Kurz noch einmal zur Landwirtschaft. Sie hat sich seit unserer Kindheit grundlegend verändert. Vor 50 Jahren waren die Bauern im Ahrntal noch großteils Selbstversorger, heute sind die Getreide- und Flachsfelder, die Kartoffeläcker verschwunden. Die Kartoffelfeuer brennen nicht mehr. Viele Mühlen sind verfallen, weil sie schon lange nicht mehr gebraucht werden.

Die heutige Landwirtschaft hat sich ziemlich einseitig auf die Milchwirtschaft und die Viehzucht ausgerichtet. Was früher auf den Höfen Knechte und Mägde mit viel Handarbeit machten, schafft heute ein Bauer mit viel Maschineneinsatz alleine. Etwas traurig finde ich auch, dass unsere Kleinbauern noch einen Nebenverdienst brauchen, um mit ihrem Einkommen auszukommen.

Unser aller Wohlstand ist gewachsen. Wir können uns fast alles kaufen, was unser Herz begehrt. Wir können in den Urlaub fahren, wenn wir wollen. In unserer Kindheit kam das Wort „Urlaub“ in unserem Wortschatz noch gar nicht vor. Wir haben ihn allerdings auch nie vermisst. Ich denke, da gebt ihr mir recht. Wir fahren ein Auto, wir genießen viele Annehmlichkeiten. Ist unsere Zufriedenheit dadurch auch gewachsen? Ich denke, nicht unbedingt.

Als Kinder freuten wir uns über kleine Dinge, über ein unerwartetes Taschengeld, ein Buch zu Weihnachten, über Vaters selbstgemachtes Spielzeug, ein besseres Essen, das es selten genug gab, oder auf einen kleinen Familienausflug in die nächste Umgebung.

Wir wohnten und lebten im Vergleich zu heute armselig, aber unsere materielle Armut war uns keineswegs bewusst. Wir waren mit dem zufrieden, was wir hatten. Wir vermissten nichts. Wir kannten die Annehmlichkeiten des modernen Lebens nicht, ein zentralbeheiztes, gut gedämmtes Haus, ein hygienisches Bad. Obwohl wir viel arbeiten mussten, waren wir ziemlich zufrieden, unbeschwert und sorgenfrei. Wir wurden noch nicht mit Bildern, Reizen und Informationen überflutet wie heute. Wir wussten nichts über die Welt, wir waren unwissend. Wir waren materiell sicher ärmer, aber waren wir unglücklich dabei? Nein, das glaube ich nicht.

FRANZISKA

Robert, ob wir früher glücklicher und zufriedener waren als die heutigen Kinder und jungen Leute, sei dahingestellt. Es ist müßig, darüber zu diskutieren. Es war wie es war und heute ist es eben auch so wie es ist. Niemand hat die Wahl, wie er aufwachsen will.

Ich möchte aber behaupten, dass ich froh bin, vor 50 Jahren Kind gewesen zu sein. Heute wäre mir die Welt zu unsicher und zu hektisch. Aber alles hat seine Zeit, jeder hat seine Zeit, und die sollte er nützen, so gut es eben geht. Aus den heutigen Kindern werden wieder Erwachsene werden, und sie werden wieder Kinder haben. Auch unsere Kinder. Sie werden ihr Leben auch meistern, so gut oder schlecht wie wir es auch bewältigt haben. Ich gebe dir recht, Anton. Schauen wir möglichst positiv und zuversichtlich in die Zukunft. Alles geht weiter, irgendwie. Das Leben steckt immer voller Überraschungen, guten sowie weniger guten. Und meistens führt alles zu einem positiven Ausgang.

Ich bitte euch bei dieser Gelegenheit von ganzem Herzen:
Vergesst eure Kindheit nie! Versprecht ihr mir das? Ehrenwort?

ERICH KÄSTNER, *Das fliegende Klassenzimmer*

Dank

Ich bedanke mich bei meinen Geschwistern, besonders bei meiner Schwester Martha, die mich bei meinen Recherchen tatkräftig unterstützt hat. Meine Probeleser und mein Lektor, Stephan Leitner, haben berechtigte Kritik am Text geübt und mir wertvolle Tipps gegeben, die ich versucht habe umzusetzen. Danke!

Glossar

Auskehren: in Schotterstraßen eingegrabene Holzrinnen, die bei Regengüssen das Wasser von der Straße leiten sollen

Arzschlitten: großer Hornschlitten aus Holz. Arzschlitten nannte man im Ahrntal die Schlitten, die dem Transport des Erzes (= Arz) zu den Schmelzwerken dienten.

Blüitschinke: „Blutschinken", eine Schreckensgestalt aus der Ahrntaler Sagenwelt

Bochgschrua: „Bachgeschrei", eine Schreckensgestalt aus der Ahrntaler Sagenwelt. Das Bochgschrua lauerte seinen Opfern in Gebirgsbächen auf, lockte sie an und ins Wasser, und riss sie dann ins Verderben.

Bochhagse: „Bachbein", eine Schreckensgestalt aus der Ahrntaler Sagenwelt. Auch der Bochhagse lauerte seinen Opfern in Gebirgsbächen auf, lockte sie an und ins Wasser und dann ins Verderben.

Calcetto: Tischfußball

Dableiber: Die **Option** sah eine zwischen den beiden faschistischen Diktaturen Italien und Deutschland zwischen 1939 und 1943 ausgehandelte Wahlmöglichkeit für deutschsprachige Südtiroler und Ladiner vor. Sie konnten ihre Südtiroler Heimat verlassen und die „Option für Deutschland" ausüben („Optanten"), oder in Südtirol bleiben („Dableiber"), wo sie jedoch weiterer sprachlicher und kultureller Unterdrückung sowie Italianisierung ausgesetzt waren. Zwischen beiden Lagern gab es harte Propagandaschlachten und erhebliche Konflikte.

Einhof: Hof, bei dem Futter- und Feuerhaus in einem einzigen Gebäude untergebracht sind

Ferggl: flacher Holzschlitten zum Heutransport

F.I.S.I.: Federazione Italiana Sport Invernali, italienischer Wintersport-Verband

Futterhaus: Wirtschaftsgebäude eines Hofes, in dem der Stall und der Heustadel untergebracht sind

Gassler/Gasseln: Die Gassler besuchten früher ihre Angebetete am Kammerfenster.

Gasslerreime: Die Gassler unterhielten ihr Mädchen am Kammerfenster, indem sie witzige Reime vortrugen.

Gettoni: Einwurfmünzen aus Kupfer; sie dienten zum Telefonieren in den Telefonkabinen.

Glückstopf: eine Art Tombola (Lotterie) auf Wald- und Wiesenfesten

gschamig: Ahrntaler Ausdruck für ein extrem schüchternes Verhalten

Holzkraxe: Rückenkorb der Bauern

Kaminwurze: für Südtirol typische geräucherte Hartwurst

Kappilan: Fersentaler Ausdruck für Käppchen

Kartenzwicker: Busschaffner. Die Kartenzwicker verkauften Fahrkarten und entwerteten sie, indem sie mit einer speziellen Zange ein Loch stanzten.

Kasteler: Schnaps, der im Kasten (Schrank) aufbewahrt und den Gasslern angeboten wurde

Kehrtatl (Kehrtatlan): hölzerne, schaufelartige Lade zum Transport des Kehrichts; Kehrichtschaufel

Kentel: Fackel aus Kienspänen

Klamm: Schlucht

Krumer: So nannte man im Ahrntal die Fersentaler Krämer, welche auf den Höfen Waren feilboten. Man unterschied zwischen Pockkrumern und Tatlkrumern.

Küize: selbstgemachte Holz-Gliederpuppe

Lahner: steile Weidefläche, über die im Winter immer wieder Lawinen (Lahnen) abgehen

Machkammer: Werkstatt eines Bauernhofes

Marende: Zwischenmahlzeit am Nachmittag

Mistlege: geschichteter Misthaufen vor dem Stall

Mit den Mücken geflogen: Ausdruck für „noch nicht geboren".

Neujahrschreien: Ahrntaler Brauch am 1. Jänner; an diesem Tag gehen die Kinder von Haus zu Haus und schreien vor den Häusern einen Neujahrswunsch. Dafür erhalten sie Süßigkeiten oder ein Geldstück.

Nüinze: Schreckensgestalt aus der Ahrntaler Sagenwelt. Die Nüinze soll ihren Opfern unter laufenden Mühlrädern aufgelauert haben.

Oberstock: Traditionsgasthof in Luttach

Option: siehe „Dableiber"

Paradeis: Tomatenmark

Paterpulver: feingemahlene, duftende Gewürz- und Kräutermischung, die die Schmalzpater für eine Butter-Spende auf den Bauernhöfen verteilten

Pfarrschulhäusl: kleines Gebäude bei der Kirche von St. Jakob. Heute steht dort das moderne Vereinshaus „Am Bühel". Im Pfarrschulhäusl fand während der Zeit des Faschismus und bis in die 1980er Jahre der Pfarrschulunterricht durch einen Geistlichen statt.

Pfössn: Ahrntaler Ausdruck für Pantoffeln aus Lodenstoff

Polenta: grobkörniges Maismehl

Poppilan: Babys

Potto: Rosenkranz

Scheiterlege: Holzscheite-Stapel

Schmalzpater: oder Butterpater. Die Schmalzpater zogen von Hof zu Hof und baten um eine Naturalienspende; meistens war dies Butter.

Schomitzl (Schomitzlan): dreieckige Papiertüte

Schwendtage: So nannte man im Ahrntal die Dienstage und Donnerstage. Es waren Tabu-Tage, an denen bestimmte Arbeiten und Tätigkeiten nicht verrichtet werden durften. Man dachte, dies bringe Unglück.

Seelennächte: Abende vor und nach dem Allerheiligenfest

Stadel: Lagerungsraum für das Heu

Stibich: Rückentragebehälter aus Holz; mit dem Stibich wurden vor allem Korn und Mehl transportiert.

Stolgebühren: Gebühr, die für eine kirchliche Handlung entrichtet werden musste, zum Beispiel für eine Kindstaufe.

SVP: Die Südtiroler Volkspartei (SVP) ist eine Regionalpartei in Südtirol, die unmittelbar nach dem Zweiten Weltkrieg am 8. Mai 1945 gegründet wurde. Sie versteht sich seither als ethnische Sammelpartei aller deutsch- und ladinischsprachigen Südtiroler in Italien.

Tatl, Tatlan: kleine Holzlade

Waldile: kleiner Wald

Weihbrunnkrüglein: Im Weihbrunnkrüglein wird geweihtes Wasser für die Segnung aufbewahrt.

Wetzsteinkumpf: meist hölzerner Behälter für den Wetzstein

Als noch Kartoffelfeuer brannten
Eine Kindheit im Ahrntal

ISBN 978-88-6839-170-6

Authentische Familiengeschichte aus dem Ahrntal der 1960/70er Jahre. Noch vor 50 Jahren war das Ahrntal, wie die meisten Dörfer Südtirols, eine bäuerliche Welt. Dann begann sich alles sehr schnell, ja radikal, zu verändern. Von diesem Wandel erzählen auf humorvolle Weise fünf Geschwister, welche auf einem Ahrntaler Bauernhof aufwuchsen: vom kargen Leben und Kinderarbeit, von der neuen Zeit, von den ersten Touristen, welche Unruhe ins Haus und in das Dorf brachten. Die Geschichten handeln aber auch von den Freuden und Nöten der Pubertät und was einem Familienmitglied passieren kann, wenn es das elterliche Nest verlassen muss …